Voulez-vous FONDUE avec moi?

Voulez-vous

FONDUE

SARAH THOR

avec moi?

70
HEISSE REZEPTE:
CAKE-POP-FONDUE,
TRÜFFEL-FONDUE,
PHO-BO-FONDUE...

EMF

EIN BUCH DER
EDITION MICHAEL FISCHER

Inhalt

Fondue, mon chéri!	6
Und ... wer hat's erfunden?	7
Pots! Pots! Pots! Alles aus einem Topf	8
How to ...? Das richtige Equipment	9
Oh, là, là! Was kommt in den Topf?	10
Register	136
Über die Autorin	142
... Noch mehr tolle Bücher!	143

KÄSEFONDUES

Schweizer Käsefondue	14
Trüffel-Fondue mit Ofenkartoffeln	16
Cheeseburger-Fondue	18
Caprese-Fondue	20
Feierabendfondue mit gerösteten Weintrauben	22
Veganes Fondue mit Cashew-„Käse"	24
Bayrisches Fondue	26
Flammkuchen-Fondue im Brot	28
Frühlingshaftes Champagner-Fondue	30
Quattro-Formaggi – 4-Käse-Fondue	32

Ruckzuck-Fondue mit Ofen-Feta	34
Greek-Style Ziegenkäse-Fondue	36
Monkey-Bread-Brie-Fondue	38
Irisches Whiskey-Cheddar-Fondue	40
Winzerfondue mit Schuss	42

FONDUES MIT BRÜHE & ÖL

Schnitzel-Party-Fondue	46
Tapas-Fondue mit fruchtigem Dip	48
Beef-Fondue mit Germolata	50
1001-Nacht-Fondue | Joghurt-Sumach-Dip	52
Orientalisches Veggie-Fondue	54
Seafood-Fondue	56
Schweizer Fondue Chinoise | Ei-freie Trüffel-Mayo	58
Veggie-Fondue | Kräuterquark	60
Vietnamesisches Pho-Bo-Fondue	62
Rosé-Fondue | Provenzalische Tapenade	64
Surf & Turf-Fondue mit grüner Butter	66
Shabu-Shabu – China im Topf	68
Tatarenhut für Raclette-Fans	70

FONDUES CROSSOVER

Spaghetti-Fondue	74
Italienisches Pizza-Fondue mit würziger Tomatensauce	76
Zitronen-Butter-Fondue	78
Antipasti-Fondue mit Bellini	80
Indisches Curry-Fondue	82
Gazpacho-Fondue für heiße Tage	84

SÜSSE FONDUES

Zartbitter-Schokoladen-Fondue	88
Schoko-Tiramisu-Fondue	90
Sweet-Tooth-Breakfast	Good-Morning-Bliss-Balls	92
Süßes Hüttengaudi-Fondue	Fluffiger Kaiserschmarrn	94
Cake-Pop-Fondue	96
Salted-Caramel-Fondue	98

Weißes Schoko-Fondue	100
Beschwipste Früchte im Bierteig	102
Weihnachtliches Naschkatzen-Fondue	104
Eisgekühltes Smoothie-Bowl-Fondue	106

BEILAGEN & SAUCEN

Naan-Brot	Mango-Lassi	110
Rote-Bete-Couscous	Zitronenöl	112
Fonduebrot	114
Brezel-Bites	Schneller Kürbiskernöl-Dip	116
Petersilien-Tabouleh	Ayran	118
Steirischer Salat mit Kürbiskernöl	120
Papas arrugadas	Salsa verde	122
Fruchtige Erdbeersalsa	Zitronen-Aioli	124
Waffel-Bites	126
Orangen-Senf-Sauce	Hot-Tangerine-Sauce	128
Peanutbutter-Sauce	Blitz-Sojasauce	130
Sauce provençale	Zitronen-Wedges	132
Scharfe Teufelssauce	Bananen-Curry-Sauce	134

MON CHÉRI!

Ein Topf, ein Rechaud (Stövchen), passendes Fondue-Besteck und jede Menge herzhafte, aber auch süße Fondue-Varianten – mehr braucht es nicht, um einen kulinarischen Abend mit seinen Lieblingsmenschen zu genießen. Auf den folgenden Seiten möchte ich gemeinsam mit Ihnen in die abwechslungsreiche Welt der Fondues eintauchen. Neben altbewährten Klassikern wie Käsefondue (siehe S. 14) und Fondue Chinoise (siehe S. 58) erwartet Sie zudem eine kulinarische Reise.

Lassen Sie sich von mir nach Italien (Spaghetti-Fondue, siehe S. 74), Spanien (Tapas-Fondue, siehe S. 48), in den Orient (1001-Nacht-Fondue, siehe S. 52) oder gar in den Naschkatzenhimmel (Weihnachtliches Naschkatzen-Fondue, siehe S. 104) entführen und überraschen Sie Ihre Gäste mit ganz neu interpretierten, köstlichen Fondues. Alle im Buch angegebenen Mengen reichen für etwa 4 Personen, außer das Zartbitter-Schokoladen-Fondue für Verliebte (siehe S. 88).

Und ...

WER HAT'S ERFUNDEN?

Obwohl das Schweizer Käsefondue bis heute als unausgesprochenes National-gericht der Eidgenossen gilt und den geschichtlichen Aufzeichnungen nach die Urform des Fondues ist, scheint man sich seiner genauen Herkunft bis heute noch immer nicht ganz sicher. Angeb-lich wurde das erste Fondue westlich der Alpenregion, rund um das Gebiet der Romandie in der Schweiz, des Piemonts in Italien und den Savoyen in Frankreich, zubereitet. Ältere Fondue-ähnliche Vor-gänger, aus einer über dem Feuer ge-schmolzenen Ziegenkäse-Mischung mit Wein, wurden allerdings bereits in Ho-mers „Ilias" verzeichnet.

Mittlerweile hat der Fonduetopf aller-dings schon lange die facettenreichen Küchen unserer Welt erobert und ist in seiner Tradition auch aus der asiatischen Küche nicht wegzudenken. Shabu-Shabu-Töpfe (siehe S. 68), asiatische Feuertöpfe (siehe S. 62, Pho-Bo-Fondue) und spek-takulär wirkende Tatarenhüte – die eine ganz spezielle Form des Fondues dar-stellen (siehe S. 70) – sind zugegeben ein toller Eyecatcher auf jedem Fondue-Tisch, aber nicht zwingend notwendig. Mit 1–2 hochwertigen Fondue-Töpfen sind Sie bestens bedient und werden damit lange Freude haben, versprochen!

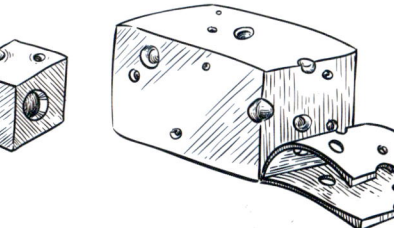

ALLES AUS EINEM TOPF

Ganz egal, welches der folgenden Rezepte Sie besonders anspricht, eines haben sie alle gemein. Sie benötigen für die Zubereitung, neben einem dafür geeigneten Topf, einen Rechaud, um die gekochte Flüssigkeit heiß zu halten, und pro Person 1–2 Fonduegabeln.

Ich empfehle Ihnen dafür eigens hergestellte Fondue-Töpfe aus Keramik, Gusseisen oder Kupfer, die die zu garenden Flüssigkeiten besonders lange auf Temperatur halten und Ihren Fondue-Abend somit zu einem langanhaltenden kulinarischen Ereignis machen!

How to ...?

DAS RICHTIGE EQUIPMENT

Ein richtiges Werkzeug und gute Vorbereitung sind in der Küche unerlässlich, und meiner Meinung nach auch in diesem Fall die halbe Miete. Bitte beachten Sie, dass nicht jeder Topf für jede Fondue-Art und jeden Herd geeignet ist. Überlegen Sie sich vor der Anschaffung eines Fondue-Geschirrs, was in den Topf kommen soll und wie viele Gäste sich um Ihren Tisch versammeln werden. Unter Beachtung dieser wenigen Punkte steht einer köstlichen Fondue-Party absolut nichts mehr im Wege und es darf mit dem dazugehörigen Fondue-Besteck fleißig geangelt, aufgegabelt und sich zur Abwechslung sogar zur Spießigkeit bekannt werden.

KLEINER TIPP

Sie möchten sich an Ihre ersten Fondues herantasten, ohne gleich ein ganzes Fondue-Set kaufen zu müssen? Kein Problem! Verwenden Sie für Ihren Fondue-Start gerne einen qualitativ hochwertigen Kochtopf, bestehend aus den auf Seite 8 genannten Materialen, oder leihen Sie sich ein Fondue-Set aus Ihrem Freundeskreis.

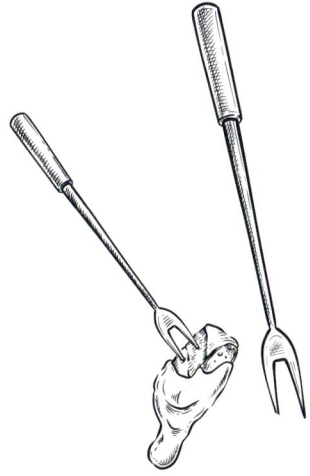

oh, là, là!

WAS KOMMT IN DEN TOPF?

Cremige Käsefondues, hoch erhitzbare Öle, würzige Brühen, schmackhafte Saucen und verführerische süße Dips. Sie alle lassen sich unkompliziert im passenden Fonduetopf erhitzen und sind der Ausgangspunkt jeden Fondues. Die eigentlichen Hauptdarsteller sind jedoch die vielseitigen Beilagen, die Ihr Fondue zu einer geschmacklichen Attraktion machen. Ein Stückchen frisch gebackenes Fonduebrot (siehe S. 114) in Käse getunkt, knusprig frittierte Mini-Schnitzel (Schnitzel-Party-Fondue, siehe S. 46) mit einem schnell gemachten Kürbiskernöl-Dip (siehe S. 116) oder frisches Obst umhüllt von zart geschmolzener Schokolade (Zartbitter-Schokoladen-Fondue, siehe S. 88). Sie merken schon, den Möglichkeiten sind keine Grenzen gesetzt.

DIS „OUI!"

Sagen Sie Ja zu kreativen Kombinationen und werfen Sie alle festgefahrenen Fondue-Vorstellungen über Bord! Lassen Sie sich auf den folgenden Seiten ganz neu von der wohl unkompliziertesten Art und Weise, seine Gäste zu verwöhnen, inspirieren! Ich wünsche Ihnen jetzt schon einen guten Appetit und ganz viel Spaß beim Entdecken und Nachkochen aller Fondues!

An die Gabeln, fertig, tunken !

Käsefondues

Fondue moitié-moitié

SCHWEIZER KÄSEFONDUE

ZUTATEN

- » 2–3 Zehen Knoblauch
- » 400g Freiburger Vacherin (Weichkäse)
- » 400g Gruyère (mild oder extra würzig)
- » 1–1½EL Maisstärke
- » 325ml trockener Weißwein
- » 4cl Kirschwasser
- » 1 Spritzer Zitronensaft
- » Salz, Pfeffer
- » 1 Msp. Paprikapulver (mild oder scharf)
- » 1 Msp. geriebene Muskatnuss

Den Knoblauch schälen, halbieren und mit der Schnittfläche das Caquelon (Fonduetopf für Käse) ausreiben. Beide Käse grob reiben und zusammen mit der Stärke in den Fonduetopf geben. Die flüssigen Zutaten dazugießen. Alles langsam unter Rühren aufkochen und zum Schmelzen bringen. Das Fondue mit Salz, Pfeffer, Paprika und Muskatnuss abschmecken und sofort auf den Rechaud stellen. Zum Genießen das in Würfel geschnittene Fonduebrot (siehe S. 114) auf die Fonduegabeln spießen und in den geschmolzenen Käse tunken.

Tipp

„Chääs"-Regel:
Moitié-moitié bedeutet so viel wie halb-halb. Verwenden Sie für traditionelle Käsefondues einen Teil würzige und einen Teil milde, cremige Käsesorten. Rechnen Sie pro Person mit ca. 200g Käse und 200g Fonduebrot. Ein Spritzer Zitronensaft macht das Fondue besonders cremig. Und probieren Sie unbedingt die am Topfboden gebildete Käsekruste!

Trüffel-Fondue
MIT OFENKARTOFFELN

ZUTATEN

FÜR DIE KARTOFFELN
- » 800g kleine Früh-
  kartoffeln (z.B. Sorte
  Amandine)
- » 5EL Olivenöl
- » Kräutersalz oder
  Meersalz

FÜR DAS FONDUE
- » 200g Gruyère

- » 200g Appenzeller
  (mild oder extra wür-
  zig oder gemischt)
- » 400g Emmentaler
- » 320ml trockener
  Weißwein
- » 2–3 Zehen Knoblauch
- » 1EL Maisstärke
- » 4cl Kirschwasser
- » 1 Spritzer Zitronensaft

- » Salz, Pfeffer
- » 1 Msp. geriebene
  Muskatnuss

AUSSERDEM
- » 90g Trüffel-Carpaccio
  (in Öl, Glas)
- » ½ oder 1 ganzer
  Trüffel (nach Belieben)

Die gewaschenen Kartoffeln in reichlich Salzwasser 7–10 Minuten bissfest kochen. Die gekochten Kartoffeln durch ein Sieb abseihen und ein wenig auskühlen lassen. Den Backofen auf 210 °C (Ober-/Unterhitze) vorheizen und die Kartoffeln in eine ausreichend große Form geben. Öl und Salz zu den Kartoffeln geben und alles gründlich miteinander vermengen. Die Kartoffeln mit Abstand zueinander 15–17 Minuten im heißen Ofen (Mitte)

garen, bis sie goldbraun sind. Nach der Hälfte der Backzeit mit einem Löffel einmal wenden. Währenddessen das Fondue wie im Grundrezept (siehe S. 14) herstellen. Das Trüffel-Carpaccio zusammen mit dem Öl unter die Käsemischung rühren. Nach Geschmack mit frisch gehobeltem Trüffel verfeinern. Das Fondue auf dem Rechaud warm halten und dazu die Ofenkartoffeln genießen.

Cheeseburger-
FONDUE

ZUTATEN

- » 800g Cheddar
- » 1–2 Zehen Knoblauch
- » 3TL Butter
- » 1½ EL Mehl (Type 405)
- » 1½ TL Senf
- » ½TL Worcestershire-sauce

- » 320ml Bier
- » 1–2TL Paprikapulver
- » Salz, Pfeffer
- » einige Spritzer Zitronensaft

AUSSERDEM
- » 600g Rinderhack-fleisch
- » Salz, Pfeffer, Öl
- » 100g Gewürzgurken
- » 2 Tomaten
- » ½ kleiner Eisbergsalat
- » Ketchup

Den Cheddar reiben. Knoblauch schälen, halbieren und das Caquelon damit ausreiben. Die Butter im Topf schmelzen und das Mehl bei geringer Hitze einrühren. Senf, Worcestershiresauce und Bier in die Mehlschwitze einrühren und ca. 2 Minuten andicken lassen. Mit Paprika würzen. Den Topf von der Herdplatte ziehen, den geriebenen Käse unterheben und so lange verrühren, bis er geschmolzen und alles zu einer cremigen Sauce verbunden ist. Mit Salz, Pfeffer und Zitronensaft abschmecken.

Das Hackfleisch mit Salz und Pfeffer mindestens 15 Minuten verkneten. Die Masse zu Kugeln formen. Die Bällchen rundum in wenig Öl braten und bis zum Servieren warm halten. Die Gewürzgurken in Scheiben schneiden. Das Gemüse waschen, den Salat fein schneiden. Das Fondue auf dem Tisch anrichten. Die Bällchen in den Käse tunken, mit den Beilagen und etwas Ketchup genießen.

That's Amore!

CAPRESE-FONDUE

ZUTATEN

- » 300g Fontina
- » 200g Taleggio
- » 100g Mozzarella
- » 200g Parmesan
- » 50g Scarmorza (nach Belieben)
- » 2EL Öl
- » 2 Zehen Knoblauch
- » 200g Crème fraîche

- » 4cl Marsala (alternativ Grappa)
- » einige Spritzer Zitronensaft
- » geriebene Muskatnuss
- » Pfeffer
- » 1TL getrockneter Oregano

- » Italienisches Kräutersalz

AUSSERDEM
- » 800g bunte Kirschtomaten
- » 3 Stängel Basilikum
- » 600g Focaccia
- » Balsamico-Creme (nach Belieben)

Die Käsesorten reiben. In einer ofenfesten Pfanne das Öl erhitzen. Knoblauch schälen, hacken und bei geringer Hitze dünsten. Den Käse mit dem Knoblauch und den restlichen Zutaten vermischen. Zurück in die Pfanne geben und bei 215 °C (Ober-/Unterhitze) 8–10 Minuten backen, bis die Oberfläche gebräunt ist. Währenddessen Tomaten und Basilikum waschen. Basilikum trocken schütteln und die Blättchen abzupfen.

Das Caprese-Fondue auf einem flachen Rechaud warm halten und zügig genießen. Dazu die Focaccia, Tomaten und Basilikumblättchen aufspießen und in die Käsesauce tunken. Nach Belieben mit der Balsamico-Creme verfeinern und mit einem eisgekühlten Bellini (siehe Tipp S. 81) anstoßen.

Feierabend-Fondue
MIT GERÖSTETEN WEINTRAUBEN

ZUTATEN

FÜR DAS DRESSING
» 2 TL Fenchelsamen
» 80 g Akazienhonig
» 120 ml Aceto balsamico bianco
» 2–3 Zweige Thymian

» ½ TL Zitronenmyrthe (nach Belieben)

FÜR DAS FONDUE
» 1–2 Rispen Weintrauben

» 1½ EL Zitronenöl (alternativ Olivenöl)
» Meersalzflocken
» 1 Camembert
» Baguette (nach Belieben)

Für das Dressing die Fenchelsamen in einer Pfanne ohne Fett rösten, abkühlen lassen und mörsern. Den Honig und den Essig in einem Topf aufkochen lassen. Thymian waschen, Blättchen abzupfen und zwei Drittel mit Fenchelsamen und Zitronenmyrthe hinzufügen. Bei geringer Hitze ca. 15 Minuten einkochen. Das Dressing vom Herd nehmen.

Den Backofen auf 200 °C (Umluft) vorheizen. Die Weintrauben waschen, mit Öl und Salz in einer hitzebeständigen Form vermischen und 6–7 Minuten im heißen Ofen (Mitte) rösten. Den Camembert rautenförmig einschneiden. Die Trauben aus dem Ofen holen, einmal wenden und den Camembert mittig in der Form platzieren. Alles für weitere 15 Minuten im Ofen backen.

Das fertige Fondue mit Dressing beträufeln, mit restlichem Thymian bestreuen und noch heiß mit Baguette genießen.

Tipp

Isabella-Trauben sorgen für ein besonderes intensives Geschmackserlebnis.

Veganes Fondue

MIT CASHEW-„KÄSE"

ZUTATEN

» 1 Zwiebel
» 2 Zehen Knoblauch
» 3EL Margarine (alternativ vegane Butter)
» 300ml Weißwein (alternativ alkoholfreier Apfelwein)

» 50ml Sauerkrautsaft
» 350ml Gemüsebrühe (alternativ Wasser)
» 200g Cashewmus
» 3EL helle Miso-Paste
» 5–6EL Hefeflocken
» 1EL Senf

» geriebene Muskatnuss
» Salz, Pfeffer
» 4EL Tapiokastärke (alternativ Mehl oder Speisestärke)
» Gemüse (nach Wahl)

Die Zwiebel und den Knoblauch schälen und möglichst fein hacken. Die Margarine oder vegane Butter in einem Topf schmelzen. Die Zwiebel und den Knoblauch darin bei geringer Hitze dünsten. Die flüssigen Zutaten eingießen und mit dem Stabmixer pürieren. Alle Würzzutaten sowie 1 Prise Muskatnuss, etwas Salz und Pfeffer dazugeben und aufkochen lassen. Dabei alles gründlich verrühren.

Die Stärke zugeben und alles unter Rühren bei geringer Hitze weiter köcheln lassen, bis die „Käse"-Sauce beginnt Fäden zu ziehen.

Das fertige Fondue zusammen mit frischem, vorgegartem oder rohem Gemüse nach Wahl genießen. Reichen Sie zusätzlich ein wenig Fonduebrot und Mixed Pickles dazu.

Jausen-Schmankerl
BAYRISCHES FONDUE

ZUTATEN

- » 2 Zehen Knoblauch
- » je 200g reifer Tilsiter und Camembert
- » 400g Raclettekäse
- » 3EL Speisestärke
- » 320ml Weißbier
- » 1 Spritzer Zitronensaft
- » 150g Speckwürfel
- » ½TL gemahlener Kümmel

- » 1–2TL geräuchertes oder mildes Paprika-pulver
- » Pfeffer
- » Schnittlauch (zum Garnieren)

AUSSERDEM
- » 8 kleine vorgekochte Weißwürste

- » 150g Silberzwiebeln (Glas)
- » süßer Senf
- » Gewürzgurken (Glas)
- » Brezel-Bites (siehe S. 116)
- » 1 Bund geröstete Radieschen (siehe S. 78, Zitronen-Butter-Fondue)

Knoblauch schälen und fein hacken. Käsesorten reiben oder in kleine Würfel schneiden. Den Käse mit der Stärke in den Fonduetopf geben. Das Bier und den Zitronensaft zum Käse gießen und alles bei schwacher Hitze unter Rühren aufkochen lassen. Die Hitze reduzieren und den Käse sämig einköcheln lassen.

Speck und Knoblauch zum Fondue geben und die Käsemasse mit Kümmel, Paprika und Pfeffer würzen. Das Fondue auf dem Rechaud warm halten.

Die Würste aus dem Darm schälen und in Scheiben schneiden. Alle Beilagen um den Topf verteilen, auf Gabeln spießen und mit Käse überziehen.

Flammkuchen-Fondue
IM BROT

ZUTATEN

- » 3 kleine Zwiebeln
- » 2 EL Öl
- » 8 Scheiben Frühstücksspeck
- » 1 Msp. Paprikapulver
- » 2–3 Zehen Knoblauch
- » 400g Appenzeller
- » 400g Freiburger Vacherin (Weichkäse)
- » 1½ EL Maisstärke

- » 320ml trockener Weißwein
- » 4cl Kirschwasser
- » 1 Spritzer Zitronensaft
- » Salz, Pfeffer
- » 1 Msp. geriebene Muskatnuss
- » 2 getrocknete Steinpilze (alternativ Champignons)

AUSSERDEM
- » 1 großes Brot (alternativ 4 kleinere Brötchen)
- » 1 EL Butterschmalz
- » 2 Frühlingszwiebeln (nach Belieben)

Die Zwiebeln schälen, würfeln und bei geringer Hitze im Öl ca. 30 Minuten dünsten. Gelegentlich umrühren. Zwischenzeitlich den Speck quer in Streifen schneiden und am Ende zu den Zwiebeln geben. Mit Paprikapulver bestäuben und 5–6 Minuten abgedeckt goldbraun rösten. Zum Abkühlen beiseitestellen. Das Fondue wie auf S. 14 zubereiten. Die Pilze kleinbröseln und mit der Zwiebel-Speck-Mischung unter die Käsesauce rühren. Den Deckel des Brotes abschneiden. Das Brot aushöhlen, den Inhalt in Streifen schneiden und nach Belieben kurz in Butterschmalz rösten. Frühlingszwiebeln putzen, waschen und in Ringe schneiden. Das Käsefondue in das Brot gießen, mit Frühlingszwiebeln bestreuen und sofort zusammen mit den Brot-Sticks und anderen Beilagen genießen.

Tipp

Verfeinern Sie Ihr Fondue zusätzlich mit einem Löffel Saurer Sahne und reichen Sie als Beilage Ofenkartoffeln (siehe S. 16, Trüffel-Fondue)

Frühlingshaftes

CHAMPAGNER-FONDUE

ZUTATEN

- » 2 Zehen Knoblauch
- » 300g Butterkäse
- » 100g milder Gouda
- » 400g milder Tilsiter
- » 1½TL Maisstärke
- » 320ml Champagner (alternativ Prosecco)
- » 4cl klarer Apfelschnaps

- » 1 Spritzer Zitronensaft
- » Pfeffer

AUSSERDEM
- » 8 Garnelen (küchenfertig)
- » 400g grüner Spargel
- » Butter (nach Belieben)

- » 400g Papas arrugadas (siehe S. 122)
- » 2 Bund geröstete Radieschen (siehe S. 78, Zitronen-Butter-Fondue)

Den Knoblauch schälen, halbieren und das Caquelon damit ausreiben. Alle drei Käsesorten reiben und mit der Stärke in den Fonduetopf geben. Die flüssigen Zutaten mit in den Topf gießen und den Käse bei mittlerer Hitze schmelzen und zu einer geschmeidigen Sauce einkochen lassen. Dabei regelmäßig umrühren.

Mit Pfeffer abschmecken. Die Garnelen unter kaltem Wasser abbrausen und trocken tupfen. Den Spargel waschen, in Stücke schneiden und nach Belieben kurz blanchieren oder in Butter braten. Das Fondue mit allen Beilagen eindecken. Nach Belieben in den Käse tunken und genießen.

Quattro Formaggi
4-KÄSE-FONDUE

ZUTATEN

- » 1 Zehe Knoblauch
- » 250g Asiago
- » 250g Taleggio (alternativ Latteria)
- » 150g Parmesan
- » 2EL Speisestärke
- » 325ml italienischer Weißwein

- » 1 Spritzer Zitronensaft
- » 150g Gorgonzola
- » 2EL Grappa
- » 1TL getrocknete italienische Kräuter (nach Belieben)
- » 1 Msp. geriebene Muskatnuss

AUSSERDEM
- » 600g verschiedene gefüllte Nudeltaschen (z.B. Tortellini; Gnocchi oder eine andere kurze Pasta)

Den Knoblauch schälen, halbieren und das Caquelon damit ausreiben. Alle Käsesorten reiben. Zusammen mit der Stärke, dem Wein und dem Zitronensaft in den Topf geben. Die Käsemasse unter Rühren bei niedriger Hitze zum Schmelzen bringen. Den Gorgonzola in den Topf bröseln. Grappa und Kräuter hinzufügen, mit Muskatnuss abschmecken.

Alles gut miteinander vermengen und auf dem Rechaud warm halten.

Die Pasta laut Packungsanweisung garen, auf verschiedene Schüsseln aufteilen und zur heißen Käsesauce reichen. Zum Genießen die Pasta auf Fonduegabeln spießen und in den Käse tunken.

Ruckzuck-Fondue
MIT OFEN-FETA

ZUTATEN

- » 4 Zehen Knoblauch
- » 4 Stück Feta (à 200g)
- » 600g Antipasti nach Wahl (z.B. Oliven, Kapern, Artischocken, Paprika und einige Tomaten)
- » 3 Zweige Thymian

- » 1TL gehackter Rosmarin
- » 4EL Olivenöl
- » Salz, Pfeffer
- » 4TL Abrieb und Saft von 1 Bio-Zitrone
- » 4EL Akazienhonig

AUSSERDEM
- » altbackenes Brot vom Vortag
- » 3EL Olivenöl
- » Meersalzflocken oder Kräutersalz

Den Backofen auf 190 °C (Umluft) vorheizen. Die Knoblauchzehen schälen und halbieren. Eine ausreichend große Form oder 4 kleine Auflaufformen mit Knoblauch ausreiben. Den Feta und die Antipasti in die Form geben. Thymian waschen, trocken schütteln und die Blättchen abzupfen. Mit den restlichen Zutaten zu einer Marinade verrühren und über den Feta und die Antipasti verteilen. Für 15–18 Minuten im heißen Ofen (Mitte) backen.

Das Brot in Scheiben schneiden. Mit Öl bestreichen und salzen. Auf ein mit Backpapier ausgelegtes Blech geben und für ca. 6 Minuten zum Feta in den Ofen geben und rösten lassen. Den geschmolzenen Feta mit den Antipasti und dem Brot servieren. Die Brotscheiben in den Käse tunken und zusammen mit den gerösteten Antipasti genießen. Nach Belieben mit wenig Salz bestreuen.

Greek-Style
ZIEGENKÄSE-FONDUE

ZUTATEN

- » 40g Butter
- » 30g Mehl (Type 405)
- » 500ml Ziegen- oder Schafsmilch
- » 80g Ziegenfrischkäse
- » 1 Spritzer Zitronensaft

- » 1TL Oregano (getrocknet oder frisch)
- » 2 Zweige Thymian
- » ½TL Knoblauchpulver
- » Pfeffer

AUSSERDEM

- » 12–14 getrocknete Datteln
- » 12–14 Scheiben Frühstücksspeck
- » 3EL Olivenöl
- » Oliven, Honig
- » gehackte Nusskerne

Die Butter bei schwacher Hitze in einem Topf zum Schmelzen bringen. Das Mehl dazugeben und mit einem Schneebesen gründlich verrühren, bis eine glatte Masse entsteht. Die Milch unter ständigem Rühren zur Mehlschwitze geben und aufkochen lassen. Den Frischkäse in die Milch bröckeln. Die Sauce 5 Minuten köcheln lassen und dabei regelmäßig umrühren. Mit Zitronensaft und den Gewürzen fein abschmecken.

Das Fondue in einen Fonduetopf umfüllen und auf dem Rechaud warm halten oder als lauwarmen Dip in einer Schale servieren.

Die Datteln entkernen, mit dem Speck umwickeln und von beiden Seiten im Öl knusprig braten. Zusammen mit Oliven, Honig und Nüssen zum Fondue reichen. Zum Genießen die Speck-Datteln in den Käse tunken, mit Honig beträufeln und mit gehackten Nüssen bestreuen.

Monkey-Bread-
BRIE-FONDUE

ZUTATEN

- » 600g Mehl (Type 405) + etwas zum Bestäuben
- » Salz
- » 2TL Honig
- » 10g Trockenhefe (alternativ ¼ Würfel frische Hefe)
- » 1 Bio-Ei (Größe M)

- » 80ml Öl + etwas zum Einfetten
- » 2TL Tomatenmark
- » 100g geschmolzene Butter
- » 2TL Knoblauchpulver
- » 25g geriebener Parmesan
- » 2TL Mohn

- » 2TL geräuchertes Paprikapulver
- » 2TL Sesam
- » 2TL gehackte glatte Petersilie
- » Meersalz, Pfeffer
- » 1 runder Brie de Meaux (im Karton)

Das Mehl mit 2TL Salz, Honig und Hefe in eine Schüssel geben. Mit Ei, Öl und 375ml warmem Wasser vermengen. Für 12 Minuten auf einer bemehlten Arbeitsfläche zu einem glatten Teig verkneten. Eine Schüssel mit Öl ausstreichen, Teig hineinlegen und zugedeckt 1 Stunde an einem warmen Ort gehen lassen. Eine runde Backform (26cm ø) mit Öl einfetten und mit Mehl bestäuben. Den Teig nochmals durchkneten und jeweils ca. 25 gleich große Bällchen daraus formen. In ein paar Bällchen das Tomatenmark einarbeiten. Die Butter mit dem Knoblauchpulver verrühren.

Die Bällchen zuerst in der Butter, dann in den restlichen Zutaten wälzen, salzen und pfeffern.

Den leeren Käsekarton mittig in die Form legen und die Teigbällchen rundherum anreihen, bis die Form gefüllt ist. Alles noch mal zugedeckt an einem warmen Ort 1 Stunde gehen lassen. Das Brot bei 180 °C (Ober-/Unterhitze) ca. 35 Minuten im Ofen (Mitte) backen. Danach das Brot aus dem Ofen holen, den Käse in den Karton legen und weitere 10 Minuten im Ofen backen. Zum Genießen das heiße Monkey-Bread am Tisch servieren, Brot abzupfen und in den Käse tunken.

Tipp

Als Zusatz eignen sich diverse Pestos (siehe S. 74, Spaghetti-Fondue).

Irisches

WHISKEY-CHEDDAR-FONDUE

ZUTATEN

- » 1–2 Zehen Knoblauch
- » 600g milder Cheddar
- » 200g gereifter Cheddar (alternativ Gruyère)
- » 2–3TL Speisestärke
- » 350ml Weißwein

- » 3–4cl Whiskey
- » Pfeffer
- » 1 Msp. geriebene Muskatnuss

AUSSERDEM
- » 600g Filet von Rind, Lamm oder Huhn

- » Öl zum Braten
- » Fonduebrot (siehe S. 114)
- » Brezel-Bites (siehe S. 116)

Den Knoblauch schälen, halbieren und das Caquelon damit ausreiben. Beide Käse reiben oder in Würfel schneiden und mit der Stärke in das Caquelon geben. Den Wein angießen, langsam erhitzen und den Käse unter Rühren zum Schmelzen bringen. Alles gründlich vermengen, bis das Fondue eine sämige Konsistenz hat. Mit Whiskey, Pfeffer und Muskatnuss abschmecken. Das fertige Fondue auf dem Rechaud warm halten.

Das vorbereitete Fleisch, je nach Dicke, kurz in wenig Öl anbraten und auf Tellern anrichten. Die Beilagen abwechselnd auf die Fonduegabeln spießen und in den Käse tunken.

Winzerfondue

MIT SCHUSS

ZUTATEN

- » 2 Zehen Knoblauch
- » 300g kräftiger Berg-
  bauernkäse (alternativ
  Raclettekäse)
- » 100g Graukäse
- » 100g milder Tilsiter
- » 300g Butterkäse
- » 1½EL Speisestärke
- » 1EL Butter
- » 75ml Schaumwein
- » 75ml Roséwein
- » 70ml Most
- » 4cl Kirsch- oder
  Zwetschgen-Schnaps

- » 1TL getrockneter
  Thymian
- » ½TL gemahlener Anis
- » ½TL getrockneter
  Liebstöckel
- » Pfeffer

AUSSERDEM
- » 2 Äpfel
- » 2 Birnen
- » Good-Morning-
  Bliss-Balls
  (siehe S. 92, Sweet-
  Tooth-Breakfast-
  Fondue)

- » gemischtes Dörrobst
- » 100g gemischte
  Nusskerne
- » Fonduebrot (siehe
  S. 114)
- » 200g frische oder ge-
  röstete Weintrauben
  (siehe S. 22, Feier-
  abend-Fondue)

Knoblauch schälen, halbieren und das Caquelon damit ausreiben. Alle Käsesorten reiben und mit der Stärke vermischen. Die flüssigen Zutaten langsam im Topf erhitzen. Die Käse-Mischung dazugeben und unter Rühren zum Schmelzen bringen. Mit Thymian, Anis, Liebstöckel und Pfeffer abschmecken und auf dem Rechaud warm halten.

Äpfel und Birnen waschen, halbieren, entkernen und in Spalten oder Würfel schneiden. Mit den anderen Beilagen zum Fondue reichen.

Tipp

Ich empfehle Ihnen, für Öl-Fondues Töpfe mit Spritzschutz und einen elektrischen Rechaud zu verwenden. Frittieren Sie ausschließlich hocherhitzbare Öle und nehmen Sie ein Thermometer zur Hilfe, um das Öl nicht zu überhitzen.

Fondues mit Brühe und Öl

Schnitzel-Party- FONDUE

ZUTATEN

- » 150g Champignons
- » 300g Kalbsschnitzel
- » 300g Putenbrust
- » Salz, Pfeffer
- » 200g Emmentaler (alternativ Gouda)
- » 4 Wiener Würstchen

- » 4 Eier (Größe M)
- » kohlensäurehaltiges Mineralwasser
- » etwas Paniermehl
- » 5–6EL Kürbiskerne
- » 4EL Mehl (Type 405)
- » 1 Zitrone

- » 1,2l Öl zum Frittieren
- » 6–8EL Wildpreiselbeeren (Glas)
- » Steirischer Salatteller (siehe S. 120)
- » Schneller Kürbiskernöl-Dip (siehe S. 116)

Pilze putzen. Fleisch würzen und in mundgerechte Stücke schneiden. Käse würfeln. Würstchen dritteln und auf beiden Enden kreuzweise einschneiden. Eier mit 1 Schuss Mineralwasser in einem tiefen Teller verquirlen, salzen und pfeffern. Paniermehl auf zwei flachen Tellern verteilen. Kürbiskerne hacken und zu einer Hälfte Paniermehl geben. Mehl ebenfalls auf einem flachen Teller verteilen.

Kalbfleisch im Mehl wälzen, abklopfen, durch die Eiermischung ziehen und ab-

tropfen lassen. Im Paniermehl wälzen, dabei die Panade leicht andrücken. Käsewürfel und Pilze ebenfalls panieren. Mit der Putenbrust ebenso verfahren, diese in der Kürbiskernpanade wälzen. Zitrone in Spalten schneiden.

Das Öl im Topf auf ca. 175 °C erhitzen. Den Topf auf dem Rechaud platzieren (Spritzschutz nicht vergessen!). Zum Genießen die Beilagen auf Fonduegabeln spießen und im Öl frittieren. Mit Preiselbeeren, Salat und Dip genießen.

Tapas-Fondue
MIT FRUCHTIGEM DIP

ZUTATEN

- » 16 Riesenoliven (ohne Stein)
- » 3 frische Bratwürste
- » 2EL Mehl (Type 405)
- » 1 Ei (Größe M)
- » Paniermehl
- » Salz, Pfeffer
- » 12 Garnelen (küchenfertig)
- » 400g Rinderfilet

- » 300g Bratpaprika
- » 2 Chorizo-Würste
- » 1 Zitrone
- » 1,5l Öl zum Frittieren
- » Papas arrugadas mit Salsa verde (siehe S. 122)
- » Erdbeer-Salsa mit Zitronen-Aioli-Dip (siehe S. 124)

FÜR DEN DIP
- » 250g Saure Sahne
- » 100g griechischer Joghurt
- » 300g frische Ananaswürfel (alternativ aus der Dose)
- » 2TL gehackte Minze
- » 1 Spritzer Zitronensaft

Riesenoliven seitlich leicht einschneiden, ohne sie dabei zu teilen. Die Bratwürste aus dem Darm drücken. Ein wenig Wurstbrät abnehmen und vorsichtig in die Oliven drücken. Sollten die Oliven dabei brechen, fest an die Wurstmasse drücken.

Mehl, Ei und Paniermehl jeweils auf Teller geben. Ei mit Salz und Pfeffer verquirlen. Die Oliven zuerst im Mehl wälzen, dann durch die Eiermasse ziehen und im Paniermehl wälzen. Panade leicht festdrücken. Garnelen unter Wasser abbrausen und trocken tupfen. Fleisch mundgerecht schneiden. Bratpaprika waschen.

Die Chorizo in Scheiben und die Zitrone in Spalten schneiden.

Das Öl bis zur Markierung in den Fonduetopf gießen und auf ca. 175 °C erhitzen. Den Topf auf den Rechaud platzieren (Spritzschutz nicht vergessen!). Die Beilagen auf Gabeln spießen und im heißen Öl frittieren. Zusammen mit den restlichen Beilagen genießen. Mit Zitronensaft nach Belieben beträufeln.

Für den Dip alle Zutaten miteinander vermengen. Bis zur weiteren Verwendung zugedeckt im Kühlschrank ruhen lassen.

Beef-Fondue
MIT GREMOLATA

ZUTATEN

FÜR DIE GREMOLATA
- » 3 Zehen Knoblauch
- » 250g getrocknete Tomaten (in Öl)
- » 1 kleiner Bund glatte Petersilie
- » 2 Bio-Zitronen
- » 1TL Kapern
- » ½TL Sardellenpaste
- » ½TL getrockneter Oregano

- » 250ml Zitronenöl (siehe S. 112, alternativ Olivenöl)
- » 120g Walnusskerne
- » Salz, Pfeffer
- » 1 Msp. Chiliflocken (nach Belieben)
- » 1 Zitrone (in Spalten)

AUSSERDEM
- » 800g gemischte Abschnitte vom Rind

(z.B. Hüfte, Filet, Hochrücken, Rib-Eye oder Tafelspitz)
- » 1,5l Öl zum Frittieren
- » Saucen nach Wahl (siehe Beilagen und Saucen, ab S. 108)
- » Trüffel-Mayo (siehe S. 58)
- » Fonduebrot (siehe S. 114, alternativ Baguette)

Für die Gremolata den Knoblauch schälen und zusammen mit den Tomaten in einen Standmixer geben. Petersilie waschen, trocken schütteln und hacken. Zitronen heiß waschen, die Schale abreiben. Beides mit Kapern, Sardellenpaste und Oregano in den Standmixer geben. Das Öl angießen und mit 60g Walnüssen nicht zu fein pürieren. Mit Salz, Pfeffer und Chiliflocken abschmecken. Restliche Walnüsse hacken und unter die Gremolata rühren. Mit den Zitronenspalten anrichten. Das Fleisch würfeln.

Öl im Fonduetopf auf ca. 175 °C erhitzen. Den Fonduetopf auf den Rechaud stellen (Spritzschutz nicht vergessen!). Das Fleisch auf die Fonduegabeln spießen und im heißen Öl medium rare, medium oder well done garen. Zusammen mit den Saucen, der Gremolata und dem Fonduebrot genießen.

1001-Nacht-Fondue

ZUTATEN

- » 3EL Olivenöl
- » 1–2TL Kebab-Gewürzmischung (nach Belieben)
- » ½TL Sumach (Türkischer Supermarkt)
- » Pfeffer
- » 2 Zehen Knoblauch

- » 2 kleine Zwiebeln
- » 300g Lammfilet
- » 400g Rinderfilet
- » 1,5l Öl zum Frittieren
- » einige Metallspieße
- » 4 Halloumi-Spieße (siehe S. 54, Orientalisches Veggie-Fondue)

- » Petersilien-Tabouleh (siehe S. 118)
- » Naan-Brot (siehe S. 110)
- » Rote-Bete-Couscous (siehe S. 112)
- » Granatapfelkerne (nach Belieben)

Für die Marinade Olivenöl mit Kebab-Gewürz und Sumach verrühren. Mit Pfeffer abschmecken. Knoblauch und Zwiebeln schälen. Knoblauch in Scheiben schneiden. Fleisch in dünne Streifen schneiden, mit der Marinade verrühren und 15 Minuten im Kühlschrank ziehen lassen. Zwiebel auf Fleischgröße schneiden. Abwechselnd mit Fleisch und Knoblauchscheiben aufspießen. Das Öl in einem Topf auf ca. 175 °C erhitzen, dann in den Fonduetopf gießen und auf den Rechaud stellen (Spritzschutz nicht vergessen!). Die Fleischspieße im Öl frittieren und zusammen mit den weiteren Beilagen genießen.

Joghurt-Sumach-Dip

ZUTATEN

- » 1 Zehe Knoblauch
- » 250g türkischer Joghurt
- » 3EL Crème fraîche

- » 2TL Zitronensaft
- » 3–4TL Sumach + zum Garnieren (Türkischer Supermarkt)

- » Salz, Pfeffer
- » 3EL Zitronenöl (siehe S. 112)

Knoblauch schälen und pressen. Alle Zutaten bis auf das Öl vermengen. Mit Salz und Pfeffer würzen. Das Öl unterrühren und mit Sumach bestreuen.

Tipp

Stoßen Sie mit einem eisgekühlten Ayran (siehe S. 118) auf eine kulinarische Reise an.

Orientalisches
VEGGIE-FONDUE

ZUTATEN

- » 1 rote Zwiebel
- » 2 Zehen Knoblauch
- » 3 rote und gelbe Paprika
- » 3 rote Spitzpaprika
- » 200g Romanesco (nach Belieben)
- » 2 Zucchini

- » 2 Auberginen (nach Belieben)
- » 400g Halloumi
- » 1 kleiner Bund glatte Petersilie
- » 1 kleiner Bund Minze
- » einige Metallspieße
- » 1,5l Öl zum Frittieren

- » Naan-Brot (siehe S. 110)
- » Rote-Bete-Couscous (siehe S. 112)
- » Joghurt-Sumach-Dip (siehe S. 52)
- » 1 Limette

Die Zwiebel und den Knoblauch schälen. Knoblauch in feine Scheiben schneiden. Das Gemüse waschen, putzen und mit der Zwiebel in gleich große Stücke schneiden. Den Halloumi würfeln. Die Kräuter waschen, trocken schütteln, die Blättchen abzupfen und getrennt in Schälchen geben. Die vorbereiteten Gemüse und den Halloumi abwechselnd auf die Spieße stecken.

Das Öl bis zur Markierung in den Fonduetopf geben und auf ca. 175 °C erhitzen.

Den Rechaud mittig auf den Tisch stellen und den Fonduetopf daraufstellen (Spritzschutz nicht vergessen!). Die Spieße und Beilagen eindecken.

Zum Genießen die Spieße im heißen Öl frittieren und nach Belieben mit Kräutern, Naan-Brot, Rote-Bete-Couscous und Joghurt-Sumach-Dip genießen. Die Limette in Spalten schneiden und zum Beträufeln dazu reichen.

Tipp

Verfeinern Sie Ihr Fondue doch mal mit einer Hot-Tangerine-Sauce (siehe S. 128) oder einem fruchtigen Ananas-Minz-Dip (siehe S. 48). Meine Getränkeempfehlung: Ayran (siehe S. 118) oder Hibiskus-Tee.

Seafood-
FONDUE

ZUTATEN

- » 2 Zehen Knoblauch
- » 2 Schalotten
- » 1EL Olivenöl
- » 2 Möhren
- » 1 kleiner Sellerie
- » 1l Fischfond
- » 250ml Gemüsebrühe
- » 200ml Weißwein
- » 1 kleiner Bund glatte Petersilie
- » Salz, Pfeffer

- » 1 Briefchen Safran (nach Belieben)
- » 2–3 Zitronenscheiben
- » 500g gemischtes festes Fischfilet (z.B. Lachs, Seeteufel, Thunfisch)
- » 500g Meeresfrüchte (z.B. Garnelen, Jakobsmuscheln, Miesmuscheln)

- » 2 Fenchelknollen
- » 2 Stangen Stauden-sellerie
- » 1 Baguette (alternativ Fondue-brot, siehe S. 114)
- » Zitronen-Aioli (siehe S. 124)
- » 1 Zitrone (in Spalten)

Für den Fond Knoblauch und Schalotten schälen, fein hacken und in Öl dünsten. Das Gemüse waschen, putzen, klein schneiden und dazugeben. Kurz anbraten, dann Fond, Brühe und Wein dazugießen. Die Petersilie waschen, trocken schütteln, hacken und die Hälfte unterrühren. Mit Salz und Pfeffer abschmecken. Den Fond mindestens 20 Minuten köcheln lassen. Vor dem Servieren die restliche Petersilie, den Safran und die Zitronenscheiben dazugeben. Den Fond in den Fonduetopf umfüllen.

Den Topf auf dem heißen Rechaud in der Tischmitte platzieren.

Fisch und Meeresfrüchte kalt abbrausen, trocken tupfen. Fisch in Stücke schneiden. Das Gemüse waschen, putzen und mundgerecht schneiden. Alle Beilagen um den Fonduetopf verteilen. Zum Genießen Fisch und Gemüse in die Fonduesiebe legen und in der Brühe gar ziehen lassen. Zusammen mit Baguette oder Fonduebrot sowie Zitronen-Aioli servieren. Mit Zitrone beträufeln.

Tipp

Dazu passen Zitronen-Wedges (siehe S. 132).

Schweizer Fondue Chinoise

ZUTATEN

- » 200g Gemüse nach Wahl (z.B. Blumenkohl, Brokkoli)
- » 1,5l Rinderbrühe
- » 1 Lorbeerblatt
- » ½TL getrockneter Liebstöckel (nach Belieben)
- » ½TL getrockneter Majoran
- » 2 Stängel Petersilie
- » 400g Fleisch (Rind, Kalb, Huhn oder Schwein, vom Metzger in Scheiben vorgeschnitten)
- » 200g Hackfleischbällchen (siehe S. 18)
- » Fonduebrot (siehe S. 114)
- » Bananen-Curry-Sauce (siehe S. 134)

Das Gemüse waschen, putzen und mundgerecht schneiden. Die Rinderbrühe zusammen mit den Kräutern im Fonduetopf erhitzen. Bei geringer Hitze köcheln lassen. Den Rechaud mittig am Tisch platzieren und den heißen Fonduetopf auf den Rechaud stellen.

Das Fleisch und das Gemüse mit den Beilagen um das Fondue anrichten. Abwechselnd auf die Fonduegabeln spießen und in der Brühe gar ziehen lassen. Zusammen mit der Trüffel-Mayo (s. u.), der Bananen-Curry-Sauce und dem Fonduebrot genießen.

Ei-freie Trüffel-Mayo

ZUTATEN

- » 200g Crème fraîche
- » 1EL Joghurt
- » 150ml Trüffelöl
- » 1EL Zitronensaft
- » 1TL scharfer Senf
- » 1TL Sardellenpaste (nach Belieben)
- » Meersalz, Pfeffer

Alle Zutaten in eine Schüssel geben, gründlich miteinander vermengen und gut abschmecken.

Nach Belieben noch etwas Trüffelöl unter die Mayo rühren.

Tipp

Die Trüffel-Mayo schmeckt besonders gut zu fleisch- und fischhaltigen Fondues wie Seafood-Fondue (siehe S. 56) oder Beef-Fondue (siehe S. 50).

Veggie-Fondue

ZUTATEN

- » ca. 1kg gemischtes Gemüse (z.B. Brokkoli, Fenchel, Möhre, Kohl, Zuckerschoten, Paprika, Zucchini)
- » 200g Champignons
- » 30g Schnittlauch
- » 30g glatte Petersilie
- » 10g Dill oder Kerbel
- » 1,5l Gemüsebrühe
- » Salz, Pfeffer
- » 1 Zitrone (in Spalten, nach Belieben)
- » Kräutersalz (nach Belieben)

Gemüse waschen, nach Bedarf schälen, putzen und mundgerecht schneiden. Pilze putzen. Kräuter waschen, trocken schütteln und grob hacken. Gemüsebrühe im Fonduetopf zum Kochen bringen und die gehackten Kräuter dazugeben. Den Rechaud auf den Tisch stellen. Die Brühe mit Salz und Pfeffer würzen und auf den Rechaud stellen. Zum Genießen das Gemüse in die Fonduesiebe geben und in der Suppe garen. Zusammen mit dem Kräuterquark (s. u.) genießen und nach Belieben mit Zitronensaft und Kräutersalz abschmecken.

Kräuterquark

ZUTATEN

- » 1 Zehe Knoblauch
- » 50g gemischte Kräuter (z.B. Petersilie, Schnittlauch, Dill, Basilikum)
- » 3–4 Blätter Liebstöckel
- » 350g Saure Sahne
- » 350g Magerquark
- » 2EL Zitronenöl (siehe S. 112)
- » 1EL Zitronensaft
- » Salz, Pfeffer

Den Knoblauch schälen. Die Kräuter waschen, trocken schütteln, Blätter von den Stängeln zupfen und zusammen mit dem Knoblauch fein hacken. Alle Zutaten miteinander in eine Schüssel geben, gut miteinander vermengen und mit Salz und Pfeffer abschmecken. Den Kräuterquark bis zum Servieren zugedeckt im Kühlschrank ziehen lassen.

Tipp

Reichen Sie zu Ihrem Fondue einige Scheiben frisches Baguette oder Fonduebrot (siehe S. 114).

Vietnamesisches
PHO-BO-FONDUE

ZUTATEN

- » 300g Reisbandnudeln
- » 1,5l Rinderbrühe
- » 2TL Pho-Gewürz (Asienladen)
- » 1 Bund gemischte Kräuter (z.B. Thai-Basilikum, Minze, Koriander)

- » 100g Mungbohnensprossen
- » 100g Tofu
- » 1 Bund Frühlingszwiebeln
- » 2 Chilischoten
- » 2 Limetten + Saft von ½ Limette
- » 150g Shiitake

- » 3EL Fischsauce
- » 1EL Sojasauce
- » 1 kleines Stück Ingwer
- » 400g dünn geschnittenes Rinderfilet (alternativ Rinderhüfte oder Tafelspitz)

Nudeln laut Packungsanweisung einweichen. Die Brühe in einen Topf geben, erhitzen und mit dem Pho-Gewürz 15 Minuten köcheln lassen. Die Reisbandnudeln nach Packungsanweisung bissfest garen, kalt mit Wasser abschrecken und abtropfen lassen. Die Kräuter und die Sprossen getrennt voneinander waschen und trocken schütteln. Den Tofu mundgerecht würfeln. Die Frühlingszwiebeln und Chilis waschen, putzen und in feine Ringe schneiden. Beide Limetten achteln. Shiitake putzen und evtl. halbieren. Die Brühe bis zur Markierung in den Fonduetopf füllen. Mit Fischsauce, Limettensaft und Sojasauce abschmecken. Ingwer schälen und in Scheiben schneiden. Alles zusammen mit dem Fleisch auf dem Tisch anrichten. Zum Genießen das Fleisch zusammen mit einigen Zutaten in die Siebe geben, in der Brühe gar ziehen lassen und in Schüsseln mit Nudeln, Ingwer und Kräutern servieren. Mit Brühe begießen.

Tipp

Bereiten Sie ein wenig mehr
Brühe vor und gießen Sie diese
nach und nach an.

Rosé-Fondue

ZUTATEN

» 2EL Kräuterbutter
» 3 Schalotten
» 2 Zehen Knoblauch
» 1L trockener Roséwein
» 200ml Hühnerbrühe

» 1 Bouquet Garni
» Salz, Pfeffer
» 500g Gemüse (Paprika, Fenchel und Zucchini)

» 600g Putenbrust, Hähnchen oder Lamm
» 8 Jakobsmuscheln

Die Kräuterbutter in einem Topf schmelzen lassen. Schalotten und Knoblauch schälen, hacken und in der Butter dünsten. Wein und Brühe angießen, zusammen mit den Kräutern aufkochen lassen, salzen und pfeffern. Die Hitze reduzieren und alles 15 Minuten zugedeckt simmern lassen. Gemüse waschen, putzen und mit dem Fleisch mundgerecht schneiden. Muscheln abbrausen, trocken tupfen. Die Brühe in den Fonduetopf füllen und auf den Rechaud stellen. Die Beilagen in Siebe geben und in der Brühe garen. Mit der Tapenade (s. u.) genießen.

Provenzalische Tapenade

ZUTATEN

» 1 Zehe Knoblauch
» 4 Zweige Thymian
» 50g getrocknete Tomaten (in Öl)

» 150g entsteinte, gemischte Oliven
» Abrieb und 1TL Saft von 1 Bio-Zitrone

» 1–2EL Kapern
» 1TL gehackte Petersilie
» Kräutersalz, Pfeffer

Knoblauch schälen. Thymian waschen, trocken schütteln und die Blättchen abzupfen. Tomaten abtropfen lassen, dabei 5–6EL Tomatenöl auffangen. Alle Zutaten zu einer homogenen Masse pürieren. Nach Bedarf etwas Öl unterrühren. Salzen, pfeffern, in ein Glas umfüllen und mit Öl bedecken. Im Kühlschrank lagern.

Tipp

Reichen Sie zu Ihrem Fondue einige Scheiben Baguette, eingelegte Artischocken oder Kapernäpfel.

Surf & Turf-Fondue
MIT GRÜNER BUTTER

ZUTATEN

FÜR DIE BUTTER
» 1 Bund Bio-
   Radieschenblätter
» 50g glatte Petersilie
» 1 Bio-Zitrone

» 2 Zehen Knoblauch
» 20g Rapsöl
» Meersalz

FÜR DAS FONDUE
» 300g Garnelen
» 600g Rib-Eye-Steak
   (Entrecôte)
» 200g Brokkoli
» 1l Öl zum Frittieren

Für die Butter die Radieschenblätter und Petersilie waschen, trocken schütteln und grob hacken. Die Zitrone heiß abwaschen, die Schale fein abreiben und 1TL Saft auspressen. Kräuter, Abrieb und Saft mit den restlichen Butter-Zutaten in einen Mixbehälter geben und mit einem Stabmixer zu einer homogenen Masse pürieren. Die fertige grüne Butter bis zum Verzehr kühl stellen.

Für das Fondue die Garnelen kalt abbrausen und trocken tupfen. Das Fleisch mundgerecht schneiden. Den Brokkoli waschen, putzen und in Röschen teilen.

Den Rechaud auf den Tisch stellen und vorheizen. Das Öl bis zur Markierung in den Topf gießen und auf dem Herd auf ca. 175 °C erhitzen. Den Topf auf den Rechaud stellen (Spritzschutz nicht vergessen!). Die vorbereiteten Zutaten mit den Fonduegabeln im heißen Öl frittieren. Zusammen mit der grünen Butter und einigen Saucen nach Wahl (siehe Kapitel Saucen, ab S. 108) genießen.

Tipp

Reichen Sie als Abwechslung zu Ihren Beilagen auch mal im Ofen geröstete Zitronen-Wedges (siehe S. 132) und Salsa verde (siehe S. 122).

Shabu Shabu

CHINA IM TOPF

ZUTATEN

FÜR DIE SCHARFE UND MILDE BRÜHE
- » 2EL Öl
- » 1–2EL Chilipaste (Glas)
- » 2–3 getrocknete Shiitake
- » 1EL Goji-Beeren
- » 1TL Reisessig
- » 4 Zehen Knoblauch

- » 4 Nelken
- » 4 Lorbeerblätter
- » 4 Sternanis
- » 2l Rinder- oder Gemüsebrühe

FÜR DIE BEILAGEN
- » 600g Fisch oder Fleisch
- » 200g Tofu

- » 200g Gemüse (nach Wahl, alternativ Pilze)
- » 200g vorgekochte Reisnudeln

AUSSERDEM
- » Shabu-Shabu-Topf (Fonduetopf mit zwei Hälften)

Für die scharfe Brühe das Öl in einem Topf erhitzen, die Chilipaste darin kurz rösten, dann in eine Seite des Shabu-Shabu-Topfes geben. Die getrockneten Pilze, Goji-Beeren und Essig in die andere Seite des Topfes geben. Den Knoblauch schälen und hacken. Knoblauch und Gewürze halbieren und auf beide Topfseiten aufteilen. Die Brühe erhitzen und in beide Topfhälften gießen.

Für die Beilagen entweder den Fisch kalt abbrausen und trocken tupfen bzw. das Fleisch mundgerecht schneiden. Tofu würfeln. Das Gemüse waschen, putzen und mundgerecht schneiden bzw. die Pilze putzen und nach Bedarf halbieren.

Den Rechaud mit dem Fonduetopf auf dem Tisch platzieren und alle Beilagen eindecken. Zum Genießen die vorbereiteten Beilagen mit Essstäbchen oder im Fonduesieb in der Brühe garen. Mit milder oder scharfer Blitz-Sojasauce (siehe S. 130) würzen.

Tipp

Erklären Sie Ihren Gästen vor dem
Essen das Shabu-Shabu-Fondue und
weisen Sie sicherheitshalber auf die
scharfe Brühe hin.

Tatarenhut

FÜR RACLETTE-FANS

ZUTATEN

FÜR DIE BRÜHE
- » 80g Speck
- » 100g Möhren
- » 6 Frühlingszwiebeln
- » 6 kleine Pak Choi
- » 50g Chinakohl
- » 5 Chilischoten
- » 2 Stangen Zitronengras
- » 1 Stück Ingwer
- » 150g Reisnudeln

- » 2–3EL Öl
- » 1,5l Hühner- oder Gemüsebrühe
- » 6 getrocknete Shiitake
- » Baby-Maiskolben (Glas)

FÜR DIE BEILAGEN
- » 100g festes Fischfilet (z.B. Kabeljau, Lachs, Thunfisch)

- » 20 Riesen-Garnelen
- » 400g gemischte Fleischabschnitte (z.B. Rinderfilet, Putenbrust etc.)
- » Salz, Pfeffer
- » helle und dunkle Sojasauce (nach Belieben)
- » 1 Limette (in Spalten)

Zum Vorfetten des Tatarenhutes den Speck rundum auf die Spieße stecken und langsam garen lassen. Für die Brühe das Gemüse und die Chilis waschen und putzen. Zitronengras und Ingwer schälen. Chilis und Zwiebeln in Ringe schneiden. Möhren grob, Zitronengras fein würfeln. Pak Choi und Chinakohl fein schneiden. Die Nudeln laut Packungsanweisung bissfest, aber nicht gar kochen.

Öl in einem Topf erhitzen. Die Hälfte Zwiebeln und Chilis glasig dünsten. Die Brühe angießen, Ingwer und Zitronen-

gras dazugeben und kurz ziehen lassen. Die heiße Brühe in den Tatarenhut gießen. Den Speck und alle restlichen Zutaten für die Brühe dazugeben.

Fisch und Garnelen kalt abbrausen, trocken tupfen. Fleisch, Fisch und Garnelen mit Salz und Pfeffer würzen, auf den Tatarenhut spießen und grillen. Nach Geschmack mit der Brühe und den Einlagen sowie etwas Sojasauce genießen. Verfeinern Sie zusätzlich alles mit einigen Spritzern Limettensaft.

Tipp

Anstatt Käse empfehle ich Ihnen, im Raclette Spiegeleier zu grillen! Geben Sie dazu ein wenig Öl in die Förmchen. Reichen Sie zum Fondue Saucen nach Wahl (siehe Kapitel Saucen, ab S. 108).

Fondues
Crossover

Spaghetti-
FONDUE

ZUTATEN

FÜR DAS PESTO ROSSO

» 30g Pinienkerne
» 3 Stängel glatte Petersilie
» 1 Glas getrocknete Tomaten (in Öl, 350g Füllgewicht)
» 60g Parmesan
» 1 Zehe Knoblauch
» Salz, Pfeffer
» 1 Prise Chiliflocken

FÜR DAS BASILIKUM-PESTO

» 50g Pinienkerne
» 60g Basilikum
» 50g Parmesan
» 1 Zehe Knoblauch
» ½ Bio-Zitrone
» 125ml Olivenöl
» ½TL Meersalz, Pfeffer

FÜR DAS FONDUE

» 500g Spaghetti nach Wahl
» Gremolata (siehe S. 50, Beef-Fondue)
» Provenzalische Tapenade (siehe S. 64)
» Parmesan, Rucola und Tomaten (nach Belieben)
» Salz, Pfeffer

Für die Pestos die Pinienkerne getrennt in einer Pfanne ohne Fett rösten. Zum Abkühlen auf Teller geben. Kräuter waschen, trocken schütteln. Tomaten abtropfen lassen, dabei ca. 150ml Öl auffangen. Jeweils den Parmesan reiben und die Knoblauchzehen pressen. Zitrone heiß abwaschen und Schale abreiben. Alle Zutaten für das jeweilige Pesto mit den Pinienkernen getrennt voneinander mit einem Stabmixer pürieren. In Gläser umfüllen, mit Öl bedecken und zugedeckt im Kühlschrank lagern.

Die Nudeln laut Packungsanweisung kochen, durch ein Sieb abgießen und dabei 1–2 Schöpfkellen vom Nudelwasser aufbewahren. Die Nudeln mit dem Nudelwasser in den Fonduetopf geben und auf dem Rechaud warm halten. Den Parmesan reiben. Den Rucola waschen und trocken schleudern. Die Tomaten waschen. Die Nudeln nach Belieben mit Pesto, Gremolata und provenzalischer Tapenade sowie Tomaten, Rucola und Parmesan genießen. Nach Bedarf mit Salz und Pfeffer würzen.

Pizza-Fondue
MIT
WÜRZIGER TOMATENSAUCE

ZUTATEN

- » 2EL Öl
- » 2 Zehen Knoblauch
- » 1 Zwiebel
- » 1EL Tomatenmark
- » 2TL Akazienhonig
- » 2 Dosen gehackte Tomaten (à 400g Füllgewicht)
- » 1 Dose passierte Tomaten (400g Füllgewicht)
- » 2TL Kapern
- » 1 kleiner Bund glatte Petersilie

- » 2TL getrockneter Oregano
- » ½TL getrockneter Thymian
- » 2TL Sardellenpaste (nach Belieben)
- » Meersalz, Pfeffer
- » Chiliflocken
- » 1EL Zitronenöl (nach Belieben, siehe S. 112)
- » 4–5 Blätter Basilikum

BEILAGEN
- » 300g Salami und/ oder Schinken

- (in Scheiben)
- » 80g gewürfelte Ananas (Dose)
- » 80g entsteinte Oliven
- » 400g Mini-Mozzarella
- » Artischockenherzen (Glas)
- » Fonduebrot (siehe S. 114), Naan-Brot (siehe S. 110) oder Pizzabrot (nach Belieben)
- » 3–4 Stängel Basilikum

Das Öl in einem Topf erhitzen. Knoblauch und Zwiebel schälen, fein hacken und im Öl glasig dünsten. Tomatenmark und Honig dazugeben und kurz rösten. Beide Sorten Tomaten zugeben. Kapern hacken. Die Petersilie waschen, trocken schütteln, grob hacken und mit den getrockneten Kräutern, Kapern und der Sardellenpaste unter die Sauce rühren.

Mit Salz, Pfeffer und einigen Chiliflocken würzen. Für mindestens 40 Minuten offen köcheln lassen und gelegentlich umrühren. Den Rechaud auf dem Tisch platzieren. Die fertige Sauce in den Fonduetopf umfüllen und auf dem Rechaud warm halten. Mit Zitronenöl beträufeln und mit Basilikum bestreuen. Zum Genießen die Beilagen in die Sauce tunken.

Tipp

Die Zutaten können beliebig durch die Ihrer Lieblingspizza ergänzt oder ausgetauscht werden. Reichen Sie doch auch mal ein Monkey-Bread (siehe S. 38) als Beilage zu Ihrem Pizzafondue. Würzen Sie dieses mit italienischen Kräutern.

Zitronen-Butter-
FONDUE

ZUTATEN

FÜR DIE SAUCE

» 2TL Kapern (Glas)
» 450g Butter
» 110g Mehl (Type 405)
» 1l Kalbs- oder
  Rinderfond
» 1 Amalfi-Zitrone
  (alternativ 2 kleine
  Bio-Zitronen)

» 1EL gehackte
  Petersilie
» Salz, Pfeffer

**FÜR DIE GERÖSTETEN
RADIESCHEN**

» 2 Bund Radieschen
» 2EL Olivenöl
» Meersalzflocken

AUSSERDEM

» 400g Kalbfleisch (Ab-
  schnitte wie Schnitzel,
  Filet oder Hüfte)
» 12 Garnelen
  (küchenfertig)
» 500g grüner Spargel
» 100g Brokkoli

Kapern abgießen, ausdrücken und klein hacken. Die Hälfte der Butter in einem Topf schmelzen lassen, die Hitze reduzieren, das Mehl sieben und portionsweise unter die Butter rühren. Dabei darauf achten, dass die Mehlschwitze nicht anbrennt und sich keine Klümpchen bilden. Mit Fond ablösen und die gehackten Kapern dazugeben. Die Zitrone heiß abwaschen, Schale abreiben und Saft auspressen. Ein Viertel des Zitronensaftes in den Topf geben. Alles kurz aufkochen lassen, bis die Sauce andickt. Falls sie zu dick ist, noch etwas Flüssigkeit nachgießen. Die restliche Butter

unter die Sauce rühren und nach Belieben mit Petersilie, Salz und Pfeffer abschmecken. Die Zitronen-Butter-Sauce in den Fonduetopf umfüllen.

Die Radieschen waschen, putzen, in einer Pfanne im Olivenöl scharf anbraten und mit Salzflocken bestreuen. Das Fleisch in nicht zu dünne Streifen schneiden. Die Garnelen kalt abbrausen und trocken tupfen. Gemüse waschen, putzen und in mundgerechte Stücke schneiden. Alle Beilagen zum Fondue reichen, abwechselnd auf die Fonduegabeln spießen und in der Zitronen-Butter-Sauce garen.

Antipasti-Fondue
MIT BELLINI

ZUTATEN

- » 1EL Sardellenpaste
- » 2EL Zitronenöl (siehe S. 112)
- » 1EL Kapern (Glas)
- » 500g griechischer Joghurt
- » 250g Saure Sahne
- » 2 Bio-Zitronen
- » 30g glatte Petersilie
- » 2 Zehen Knoblauch
- » Salz, Pfeffer

AUSSERDEM

- » 500g gemischtes Gemüse (Zucchini, Paprika, Pilze, Tomaten, Aubergine)
- » 6EL Zitronenöl (siehe S. 112)
- » 1–2EL getrocknete italienische Kräuter
- » Salz, Pfeffer
- » 200g Parmaschinken

- » einige Grissini
- » weitere italienische Spezialitäten (Kapernäpfel, Salami, Parmesan, getrocknete Tomaten)

Die Sardellenpaste in 2EL Zitronenöl rösten. Die Kapern abtropfen und kurz mitbraten, dann alles auskühlen lassen. Den Joghurt zusammen mit der Sauren Sahne vermengen. Die Zitrone heiß abwaschen, die Schale abreiben und den Saft auspressen. Die Schale und 1EL Saft zur Joghurt-Sahne-Mischung geben. Petersilie waschen, trocken schütteln und klein schneiden. Knoblauch schälen und pressen. Alle Zutaten gut miteinander verrühren. Die Sauce nach Belieben mit restlichem Zitronensaft abschmecken und bis zur Verwendung kühlen.

Für die Antipasti das Gemüse waschen, putzen und mundgerecht schneiden. 3–4EL Öl in einer Pfanne erhitzen. Das Gemüse darin scharf anbraten, mit Kräutern, Salz und Pfeffer würzen und auf einer Platte anrichten. Nach Geschmack mit dem restlichen Öl beträufeln. Den Schinken um die Grissini wickeln.

Alle Beilagen mit der Sauce auf den Tisch stellen, abwechselnd eintunken und genießen. Mit einem erfrischenden Bellini (siehe Tipp) auf einen ausgelassenen Abend anstoßen.

Tipp

Überraschen Sie Ihre Gäste doch mal mit dem venezianischen Kultgetränk Bellini. Dazu einen größeren Pfirsich waschen, entkernen, pürieren und die Masse durch ein Sieb streichen. Mit 600 ml Prosecco verrühren. Einige Eiswürfel in die Gläser geben und mit dem Bellini aufgießen.

Indisches

CURRY-FONDUE

ZUTATEN

- » 3EL Rapsöl
- » 170g Tomatenmark
- » 300ml Hühnerbrühe
- » 2 Dosen Kokosmilch (800ml Füllgewicht)
- » 2 Zehen Knoblauch
- » 1 kleines Stück Ingwer
- » 1TL Currypaste (nach Belieben)
- » 3EL Currypulver (mild oder scharf)

- » 1TL gemahlene Kurkuma
- » 1 Msp. geriebene Muskatnuss
- » Salz, Pfeffer

FÜR DIE BEILAGEN
- » 300g Basmatireis
- » Salz
- » 400g Hähnchen (Filet oder Brust)

- » 1½EL edelsüßes Paprikapulver
- » Salz, Pfeffer
- » einige Metallspieße
- » etwas Koriandergrün
- » Naan-Brot (siehe S. 110)
- » Mango-Lassi (siehe S. 110)

Das Öl in einem geeigneten Fonduetopf erhitzen, das Tomatenmark hinzufügen und kurz auf mittlerer Hitze rösten. Mit der Brühe ablöschen, dann die Kokosmilch angießen. Den Knoblauch schälen und dazu pressen. Den Ingwer schälen, fein reiben und zusammen mit den restlichen Gewürzen unter das Curry rühren. Alles aufkochen und 10–15 Minuten bei reduzierter Hitze sanft simmern lassen.

Für die Beilagen den Reis nach Packungsanweisung in leicht gesalzenem Wasser garen. Das Hähnchenfleisch parieren, mundgerecht schneiden, mit Paprikapulver, Salz und Pfeffer würzen und auf Spieße stecken.

Das Curry-Fondue auf einen vorgeheizten Rechaud auf den Tisch stellen. Den Koriander waschen, trocken schütteln und die Blättchen abzupfen. Das Huhn zum Garen in die Sauce tunken. Mit Reis, Naan-Brot und Koriandergrün genießen. Mit einem eisgekühlten Lassi auf einen gelungenen Abend anstoßen!

Gazpacho-Fondue
FÜR HEISSE TAGE

ZUTATEN

FÜR DIE GAZPACHO
- » ½ Salatgurke
- » 300g Spinat
- » 2 Bund gemischte Kräuter (Petersilie, Schnittlauch und Basilikum)
- » 3 kleine Avocados
- » 1 Zehe Knoblauch
- » 800ml Buttermilch

- » 150ml Zitronenöl (siehe S. 112)
- » 1½EL Kräuteressig
- » Meersalz, Pfeffer
- » einige Spritzer Zitronensaft

FÜR DIE SPIESSE
- » 6EL Öl zum Anbraten
- » 1 Zehe Knoblauch

- » Kräutersalz, Pfeffer
- » 1 Salatgurke
- » 4 Zucchini (gelbe und grüne)
- » 8 Scheiben entrindetes Toastbrot
- » einige Holzspieße
- » Kresse zum Garnieren (nach Belieben)

Für die Gazpacho Gurke, Spinat und Kräuter waschen. Gurke schälen, entkernen und grob würfeln. Avocados halbieren, entkernen und schälen. Knoblauch ebenfalls schälen. Alle Zutaten mit einem Stabmixer zu einer sämigen Suppe pürieren. Mit Salz, Pfeffer und Zitronensaft abschmecken. Im Kühlschrank kühlen.

Für die Spieße zuerst das Knoblauchöl herstellen. Dazu 4EL Öl in einer Pfanne erhitzen, den Knoblauch schälen und hineinpressen. Bei geringer Hitze dünsten und nach Geschmack würzen. Beiseite-

stellen. Dann das Gemüse waschen, und mit einem Sparschäler lange, breite Streifen schälen, alternativ in Scheiben schneiden. Die restlichen 2EL Öl in einer Pfanne erhitzen und das Toastbrot darin auf beiden Seiten goldbraun rösten. Mit dem Knoblauchöl einpinseln und in mundgerechte Würfel schneiden.

Die gekühlte Gazpacho auf Gläser oder Schalen verteilen. Gemüse und Brot abwechselnd auf Spieße stecken und in die Gazpacho tunken. Nach Belieben zusätzlich mit Kresse bestreuen.

Tipp

Reichen Sie zusätzlich noch Tabasco und einige Spalten Zitrone zur Gazpacho.

Süße Fondues

Für Verliebte

ZARTBITTER-SCHOKOLADEN-FONDUE

ZUTATEN

- » 350g Zartbitter-Schokolade
- » 1TL Kokosöl
- » 250g Erdbeeren
- » 100g Kirschen
- » 4EL Nusskrokant

Die Schokolade grob hacken. Für das Wasserbad einen Topf bis zur Hälfte mit Wasser füllen und zum Kochen bringen. Die Hitze reduzieren und warten, bis das Kochwasser simmert. Die Schokolade in einen kleineren Topf geben und diesen über den Topf mit dem Wasser hängen. Das Wasser sollte den kleineren Topf dabei nicht berühren. Die Schokolade über dem Wasserbad zum Schmelzen bringen und so lange rühren, bis eine homogene glatte Masse entstanden ist.

Das Kokosöl unter die geschmolzene Schokolade ziehen. Die Schokolade in einen Fonduetopf gießen und auf das vorgeheizte Stövchen stellen.

Die Obst waschen. Erdbeeren putzen, entstielen und nach Bedarf halbieren. Die Kirschen entsteinen. Beides mit dem Nusskrokant zum Fondue reichen. Zum Genießen die Früchte aufspießen, in die Schokolade tunken, mit Nusskrokant bestreuen und sich verwöhnen.

Tipp

Probieren Sie das Fondue auch mit exotischen Fruchtspießen (siehe S. 100). Zum Anstoßen empfehle ich Ihnen ein Glas Bellini (siehe S. 81).

Dolce Vita

SCHOKO-TIRAMISU-FONDUE

ZUTATEN

FÜR DAS FONDUE
- » 350g weiße Schokolade (alternativ Milchschokolade)
- » 60g Sahne
- » 1TL Instant-Kaffeepulver
- » 1½TL Kokosöl

- » 1 Msp. gemahlene Vanille
- » 2cl Marsala (alternativ Amaretto)

FÜR DIE CREME UND DEN SCHAUM
- » 100g Sahne
- » 1EL Puderzucker

- » 1 Msp. Sahnesteif
- » 100g Mascarpone
- » 5EL Instant-Espressopulver
- » 5EL Zucker

AUSSERDEM
- » Löffelbiskuits

Für das Fondue die Schokolade hacken und über einem Wasserbad (siehe S. 88, Schokoladen-Fondue) schmelzen. Sahne, Kaffeepulver, Kokosöl, Vanille und Marsala gründlich einrühren. Alles in einen Fonduetopf umfüllen.

Für die Mascarponecreme die Sahne mit dem Puderzucker in eine Schüssel geben und mit Sahnesteif steif schlagen. Die Mascarpone glatt rühren und portionsweise unter die Sahne heben.

Für den Espressoschaum das Espressopulver zusammen mit dem Zucker und 5EL Wasser in eine Rührschüssel geben. Mit dem Handrührgerät einige Minuten schaumig und steif aufschlagen.

Den Fonduetopf auf das vorgeheizte Stövchen stellen. Die Mascarponecreme mit dem Espressoschaum anrichten. Nach Belieben jeweils 1–2TL auf das Fondue geben. Die Löffelbiskuits in die Schokosauce tunken und zusätzlich mit der Creme und dem Schaum genießen.

Tipp

Reichen Sie doch auch mal
Cake-Pops (siehe S. 96)
aus Schokoladenkuchen zu
Ihrem Fondue.

Sweet-Tooth-Breakfast

ZUTATEN

» 120g Cheddar (Stück)
» 300g Ahornsirup
» 60g Akazienhonig
» 280ml gesüßte Kondensmilch
» 1 Msp. gemahlene Vanille
» ½–1EL Maisstärke
» 12 Scheiben Speck
» exotische Fruchtspieße (siehe S. 100)

Den Käse würfeln. Den Ahornsirup mit dem Honig in einen Topf geben und langsam erhitzen. Kondensmilch und Vanille dazugeben und unter Rühren aufkochen lassen. Die Maisstärke mit 2–3EL Wasser verrühren und mit einem Schneebesen unterrühren.

Den Speck in einer Pfanne knusprig braten und auf Küchenpapier abtropfen lassen. Die Karamellsauce in einen kleinen Fonduetopf umfüllen und auf dem vorgeheizten Stövchen platzieren. Bliss Balls (s. u.), Käsewürfel, Speck und Fruchtspieße in die Sauce tunken und genießen.

Good-Morning-Bliss-Balls

ZUTATEN

» 100g Cashewkerne
» 200g getrocknete Mango
» 70g getrocknete Aprikosen
» 1TL Kokosöl
» 150g Kokosraspel
» je 1TL Zitronensaft und -abrieb

Cashewkerne hacken. Dörrobst grob hacken, mit 60ml heißem Wasser übergießen und 30 Minuten einweichen lassen, dann durch ein Sieb abseihen. Alles mit Kokosöl, 100g Kokosraspeln, Zitronensaft und -abrieb in einem Standmixer zu einer einheitlichen Masse pürieren. Ist die

Masse zu trocken, noch ein wenig Wasser hinzufügen. Ist sie zu feucht, mehr Kokosraspel unterrühren. Vom Teig je 2–3TL abstechen, zu Kugeln formen und in den restlichen Kokosraspeln wälzen. Im Kühlschrank ca. 1 Stunde kühlen, dann ins süße Fondue dippen.

Tipp

Meine Empfehlung dazu:
ein erfrischender Mango-Lassi
(siehe S. 110)

Süßes Hüttengaudi-Fondue

ZUTATEN

- » 700ml Milch
- » 2 Eigelb (Größe L)

- » 14,5g Vanillepudding-pulver
- » 70g Zucker

- » 1TL Vanilleextrakt (alternativ 1 Vanille-schote)

1EL der Milch abnehmen und mit den Ei-gelben und dem Puddingpulver verrühren. Restliche Milch mit dem Zucker und der Vanille in einen Topf geben, aufkochen lassen und dann vom Herd ziehen. Die Eiermischung unter die warme Milch rühren, nochmals kurz erwärmen, dann in einen Fonduetopf umfüllen und auf den vorgeheizten Rechaud stellen. Mit Kaiserschmarrn (s. u.) genießen.

Fluffiger Kaiserschmarrn

ZUTATEN

- » 100g Rosinen
- » 100ml Rum
- » 1TL Vanilleextrakt
- » 5 Eier (Größe L)

- » 4EL Zucker + 2TL zum Bestreuen
- » Salz
- » 200g Mehl (Type 405)

- » 400ml Milch
- » 40g Butter
- » 2EL Butterschmalz
- » Puderzucker

Rosinen, Rum und ½TL Vanilleextrakt in einem Topf aufkochen. In ein Glas geben und verschlossen 3 Stunden ziehen las-sen. Eier trennen. Eigelbe mit 2EL Zu-cker, 1 Prise Salz und ½TL Vanilleextrakt schaumig schlagen. Mehl und Milch im Wechsel portionsweise einrühren. Butter schmelzen und unterrühren. Den Teig zugedeckt 30 Minuten ruhen lassen, dann nochmals aufschlagen. Eiweiß mit 1 Prise Salz und 2EL Zucker steif schlagen und portionsweise unter den Teig heben. 3EL Rumrosinen unterrühren. 1EL Schmalz in einer großen Pfanne erhitzen und die Hälfte des Teiges darin bei mittlerer Hitze 2–3 Minuten goldbraun backen, umdre-hen und weiter bräunen. Mit Zucker be-streuen, karamellisieren und zerzupfen. Mit der zweiten Hälfte ebenso verfahren. Mit Puderzucker bestäuben.

Tipp

Für noch mehr Hüttengaudi-Feeling einen Apfel in kleine Stücke schneiden und zusammen mit ein wenig Zimt unter den Schmarrn rühren. Für eine antialkoholische Variante der Rumrosinen 100ml Wasser und Rum-Aroma nehmen. Der Schmarrn passt auch zum Naschkatzen-Fondue (siehe S. 104).

Cake-Pop-
FONDUE

ZUTATEN

FÜR DIE CAKE POPS
» 600g Rührkuchen nach Wahl (z.B. Schokoladen-kuchen, gekauft oder selbst gemacht)
» 50g Butter
» 70g Frischkäse oder Nougatcreme
» 60g Puderzucker
» 2TL Zitronensaft
» 1 Msp. gemahlene Vanille
» 30–32 Cake-Pop-Sticks

FÜR DAS FONDUE
» 600g Kuvertüre (hell oder dunkel)
» 2TL festes Kokosöl

FÜR DIE DEKO
» bunte Zuckerstreusel
» Nusskrokant
» buntes Fruchtpulver

Für die Cake Pops den Kuchen in Scheiben schneiden und mit den Fingern in einer Schüssel zerkrümeln. Alle weiteren Zutaten zu den Kuchenbröseln geben und mit dem Handrührgerät gut verrühren. Der Teig sollte leicht feucht und gut knetbar sein. Aus dem Teig 30–32 gleich große Kugeln formen. Die Kugeln auf ein Blech legen und für ca. 15 Minuten ins Gefrierfach oder den Kühlschrank geben.

Für das Fondue die Kuvertüre hacken und über einem Wasserbad schmelzen (siehe dazu S. 88, Schokoladen-Fondue). Das Kokosöl einrühren.

Die Kuvertüre in einen kleinen Fonduetopf füllen und auf das vorgeheizte Stövchen stellen. Zum Genießen die Cake-Pop-Sticks in die Kuvertüre tunken und mittig in die kalten Cake Pops stecken. Die Pops drehend in die Kuvertüre tunken und nach Herzenslust mit Streuseln, Krokant oder Fruchtpulver verzieren.

Wer es gerne etwas gesünder mag, dem empfehle ich die eisgekühlten Good-Morning-Bliss-Balls (siehe S. 92).

Salted-Caramel
FONDUE

ZUTATEN

FÜR DAS FONDUE
» 400g gesüßte Kondensmilch (Dose)
» 50g Sahne
» grobes Meersalz

FÜR DAS POPCORN
» 1TL Butter
» 2EL Popcornmais

AUSSERDEM
» 1 Apfel
» einige Spritzer Zitronensaft
» 3–4EL gesalzene Erdnusskerne
» 4–5EL Schokoladenstreusel

» Nusskrokant
» einige Weintrauben
» Brezel-Bites (nach Belieben, siehe S. 116)

Für das Fondue die Kondensmilch mit der Sahne in einen keinen Fonduetopf geben und unter Rühren erhitzen.

Für das Popcorn die Butter in einem Topf schmelzen. Popcornmais dazugeben, den Deckel aufsetzen und bei mittlerer Hitze zu Popcorn poppen lassen. Dabei aufpassen, dass es nicht anbrennt.

Den Apfel waschen, nach Belieben schälen, halbieren, entkernen und in Spalten oder Stücke schneiden. Die Schnittflächen zügig mit etwas Zitronensaft beträufeln. Die Erdnüsse grob hacken.

Den Fonduetopf auf dem vorgeheizten Stövchen platzieren. Die Karamellsauce mit etwas grobem Meersalz bestreuen. Die Zutaten aufspießen, in die Sauce rühren und mit Streuseln, Krokant oder gehackten Erdnüssen bestreuen.

Tipp

Rühren Sie bei süßen Fondues die Beilagen in Achterbewegungen in die Fonduesauce. Auf diese Weise brennt nichts an. Als erfrischende Abwechslung eignen sich exotische Fruchtspieße (siehe S. 100).

Karibik-Feeling

WEISSES SCHOKO-FONDUE

ZUTATEN

FÜR DAS FONDUE
» 3 Passionsfrüchte
» 150ml Kokosmilch
» 450g weiße Kuvertüre
» 40g Kokosöl
» 1 Bio-Limette
» 2EL Kokoslikör (z.B. Batida de Côco ®)

FÜR DIE SAUCE
» 1 Bund Minze (ca. 30g)
» 3½EL Limettensaft
» 3½EL Apfelsaft
» 3EL Akazienhonig
» Salz

AUSSERDEM
» 600g exotische Früchte (z.B. Ananas, Melone, Papaya)
» 2–3 Zweige Minze
» einige Holzspieße
» 5–6EL Kokosraspel

Für die Spieße die Früchte ggf. waschen, schälen, entkernen und in mundgerechte Stücke schneiden. Die Minze waschen, trocken schütteln und die Blätter abzupfen. Die Früchte abwechselnd mit etwas Minze auf die Spieße stecken und abgedeckt im Kühlschrank lagern oder nach Belieben ca. 10 Minuten vor dem Servieren im Gefrierfach kühlen.

Für das Fondue die Passionsfrüchte halbieren, das Fruchtfleisch auslösen und zusammen mit der Kokosmilch in einem Topf aufkochen. Durch ein Sieb streichen und zurück in den Topf geben. Die Kuvertüre grob hacken, mit dem Kokosöl portionsweise in den Topf geben und unter Rühren schmelzen lassen. Die Limette heiß abwaschen und die Schale abreiben. Likör und Limettenabrieb unter die Kuvertüre rühren.

Für die Sauce die Minze waschen, trocken schütteln und die Blätter abzupfen. Alle Zutaten und 1 Prise Salz mit dem Stabmixer fein pürieren und in eine Schale umfüllen. Die Schokosauce in den Fonduetopf umfüllen und auf dem vorgeheizten Rechaud platzieren. Die Fruchtspieße in das Fondue dippen, mit Kokosraspeln bestreuen und mit der Minzsauce genießen.

Tipp

Überraschen Sie Ihre Gäste auch mal mit eisgekühlten Good-Morning-Bliss-Balls (siehe S. 92).

Beschwipste
FRÜCHTE IM BIERTEIG

ZUTATEN

- » 2 Eier (Größe M)
- » 200g Mehl (Type 405)
- » 1 Msp. Weinstein-backpulver
- » Salz
- » 125ml Bier

- » 5EL Milch
- » 80g Ahornsirup
- » 600g gemischte Früchte (Bananen, Äpfel, Aprikosen, Weintrauben)

AUSSERDEM
- » 1l Öl zum Frittieren
- » 75g Zucker
- » 1–2TL gemahlener Zimt
- » Ahornsirup

Für den Bierteig die Eier mit dem Hand-rührgerät aufschlagen, bis sich das Volumen deutlich vergrößert. Mehl und Backpulver mit 1 Prise Salz mischen und abwechselnd mit Bier, Milch und Ahorn-sirup unter die Eier geben. Alles zu einem glatten Teig verrühren und zugedeckt 30 Minuten ruhen lassen.

Das Obst waschen, putzen und mund-gerecht schneiden. Den Rechaud mittig auf dem Tisch platzieren und vorheizen. Das Öl im Fonduetopf auf ca. 175 °C erhitzen. Den Topf auf dem Rechaud platzieren (Spritzschutz nicht vergessen!).

Zucker und Zimt vermischen. Den Bierteig auf 4 Schüsseln aufteilen und zusammen mit dem Obst und den weiteren Beilagen auf dem Tisch verteilen. Das Obst auf Fonduegabeln spießen und im Bierteig wenden, abtropfen lassen und im heißen Öl goldbraun frittieren. Überschüssiges Fett auf einem Küchenpapier abtropfen lassen. Die frittierten Früchte in Ahorn-sirup tunken und in Zimtzucker wälzen.

Tipp

Verwenden Sie für Ihren Teig auch mal Ginger Beer oder Weißwein.

Weihnachtliches
NASCHKATZEN-FONDUE

ZUTATEN

- » 500g Sauerkirschen (Glas)
- » 8g Speisestärke
- » 3EL Zucker
- » 220ml Glühwein

- » ½ Bio-Orange

AUSSERDEM
- » einige Mini-Marshmallows

- » 300g Weihnachtsgebäck (z.B. Stollen, Kekse)
- » Zuckerdekor (nach Wahl)

Die Kirschen in einem Sieb abtropfen lassen, dabei die Flüssigkeit auffangen. Die Stärke mit wenig Kirschsaft verrühren. Den restlichen Saft mit Zucker und Glühwein in einen Topf geben und aufkochen lassen. Die Orange heiß abwaschen, die Schale abreiben und zufügen. Die Stärke mit den Kirschen unter den Glühwein rühren und noch mal aufkochen lassen.

Das Stövchen auf den Tisch stellen und vorheizen. Marshmallows, Gebäck und Zuckerdekor auf den Tisch verteilen und den Topf mit der Sauce auf das Stövchen stellen. Das Gebäck in die heiße Sauce tunken und mit Marshmallows und Zuckerdekor bestreuen.

Tipp

Sollte die Kirschsauce zu sehr andicken, geben Sie einfach noch ein bisschen Wasser oder Wein in den Topf. Die Sauce zwischendurch umrühren, damit sie nicht anbrennt.

Eisgekühlte

SMOOTHIE-BOWL

ZUTATEN

FÜR DIE SMOOTHIE-BOWL

» 5–6 Erdbeeren
» ½ kleine Wassermelone (ca. 350g)
» einige Minzeblätter
» 150ml Buttermilch
» 1 EL Honig

» 2 EL frisch gepresster Zitronensaft
» Salz

AUSSERDEM

» 700g gemischte Melonen (Wassermelone und Zuckermelone)

» Kugelausstecher
» 100g Erdbeeren
» 3–4 Zweige Minze
» einige Holzspieße
» Crushed Eis

Für die Smoothie-Bowl die Erdbeeren waschen, entstielen und halbieren. Mit einem Löffel das Fruchtfleisch aus der Melone aushöhlen und zusammen mit den Erdbeeren in ein verschließbares Gefäß geben. Für einige Stunden ins Gefrierfach geben.

Währenddessen die Beilage vorbereiten. Dazu die verschiedenen Melonen halbieren, entkernen und kleine Kugeln ausstechen. Die Erdbeeren waschen und entstielen. Die Minze waschen, trocken schütteln und die Blättchen abzupfen.

Die Melonenkugeln abwechselnd mit den Erdbeeren und Minzeblättchen aufspießen. Zum Durchkühlen noch mal kurz ins Gefrierfach geben.

Die gefrorenen Melonenstücke und Erdbeeren in einen Standmixer geben und zusammen mit den restlichen Zutaten für die Smoothie-Bowl und 1 Prise Salz pürieren. Die Masse in die ausgehöhlte Melonenhälfte geben und diese auf Crushed Eis servieren. Die Früchte in die Smoothie-Bowl tunken und genießen.

Tipp

Reichen Sie Ihren Gästen zusätzlich Eiswaffeln zum Dippen.

Beilagen
und Saucen

Naan-Brot

ZUTATEN

- » 30g Butter
- » 110g Joghurt
- » 80ml Buttermilch (alternativ Milch)
- » 250g Mehl (Type 405) + etwas zum Arbeiten
- » 1TL Weinsteinback- pulver
- » 8g Zucker
- » ½TL Salz
- » 2EL Butterschmalz oder Ghee

Die Butter in einem kleinen Topf schmelzen und abkühlen lassen. Die abgekühlte Butter zusammen mit dem Joghurt und der Buttermilch in einer Schüssel verrühren. Alle trockenen Zutaten nach und nach in die Butter-Milch-Mischung geben und zu einem geschmeidigen Teig verarbeiten. Den Teig mindestens 30 Minuten zugedeckt ruhen lassen.

Den Teig in ca. 4–5 Portionen teilen und diese auf einer bemehlten Arbeitsfläche zu Fladen oval ausrollen. Das überschüssige Mehl von den Teiglingen abklopfen und diese portionsweise in einer beschichteten Pfanne ohne Fett knusprig braten. Anfallende Mehlrückstände in der Pfanne zwischendurch entfernen. Die fertig gebackenen Brote nach Belieben mit Schmalz oder Ghee einpinseln.

Mango-Lassi

ZUTATEN

- » 4 reife Mangos
- » 250g Joghurt
- » 1EL Honig
- » 1TL frisch gepresster Zitronensaft
- » einige Eiswürfel
- » einige Minzeblättchen zum Garnieren

Die Mangos schälen, Fruchtfleisch vom Kern schneiden und würfeln. Alle Zutaten mit 130ml Wasser in einen Standmixer geben und fein pürieren. Eiswürfel auf

4 Gläser verteilen, den Mango-Lassi darüber gießen und nach Belieben mit einigen Minzeblättchen garnieren.

Tipp

Die Brote schmecken besonders fein, wenn man sie mit frisch gehacktem Knoblauch einreibt.

Rote-Bete-Couscous

ZUTATEN

- » 300g gegarte Rote Bete (vakuumiert)
- » ca. 400ml Gemüsebrühe
- » Salz

- » 200g Couscous
- » 1 kleines Bund Minze
- » einige Spritzer Zitronensaft

- » 2EL Salgam Suyu (Rübensaft, Türkischer Supermarkt, alternativ milder Himbeeressig)

Die Rote Bete klein würfeln, dabei Einweghandschuhe tragen. Die Brühe oder alternativ Wasser in einem Topf aufkochen, salzen und vom Herd nehmen. Couscous einrieseln und zugedeckt ca. 10 Minuten ziehen lassen.

In der Zwischenzeit die Minze waschen, trocken schütteln und fein hacken.

Die Rote-Bete-Würfel und die Minze unter den Couscous rühren, mit einigen Spritzern Zitronensaft und dem Salgam Suyu oder alternativ Himbeeressig abschmecken. Alles so lange untereinander verrühren, bis der Couscous sich einheitlich färbt. Den fertigen Couscous kurz durchziehen lassen und noch warm oder kalt genießen.

Zitronenöl

ZUTATEN

- » 4 Amalfi-Zitronen
- » 800ml Rapsöl

- » 2 sterile Einmachgläser mit Deckel

- » 2 sterile dunkle Glasflaschen (à 500ml)

Die Zitronen gründlich waschen. Nur die gelbe Schale, ohne das Weiße, abschälen und auf Einmachgläser verteilen. Mit Rapsöl auffüllen und gut verschlossen

3–4 Wochen an einem dunklen Ort ziehen lassen. Dann die Schalen entfernen und das Zitronenöl in sterile dunkle Glasflaschen abfüllen.

Tipp

Fügen Sie einer Hälfte Ihres Rote-Bete-Couscous doch mal Schafskäse, Erbsen oder Meerrettich hinzu! Das bringt auch optische Abwechslung auf Ihre Fondue-Tafel. Und aromatisieren Sie Ihr Öl mal mit getrockneten Chilis, frischem Rosmarin oder frischem Knoblauch.

Fondue-
BROT

ZUTATEN

- » 350g Mehl (Type 405) + etwas zum Arbeiten
- » 150g Ruchmehl (Type 1100)
- » 1½TL Salz

- » 21g zimmerwarme Hefe (½ Würfel)
- » 1EL Honig
- » 100ml warme Milch

AUSSERDEM
- » 1EL Meersalzbutter (nach Belieben)
- » 2 Zehen Knoblauch (nach Belieben)

Beide Mehle mit dem Salz in einer Schüssel mischen. Die Hefe ins Mehl bröckeln. Honig, Milch und 200ml lauwarmes Wasser dazugießen. Alles zu einem geschmeidigen und glatten Teig kneten. Den Teig zugedeckt bei Raumtemperatur 1–2 Stunden gehen lassen.

Den fertigen Teig auf eine leicht bemehlte Arbeitsfläche stürzen und in zwei Hälften teilen. Die Hälften zu Kugeln formen, flach drücken und jeweils ca. 15cm lange, ovale Fladen formen. Beide Teigrohlinge nebeneinander auf ein mit Backpapier belegtes Blech legen und mit ein wenig Mehl bestäuben.

Nun mit einer Teigkarte den Teig fünfmal längs und fünfmal quer eindrücken, dabei aber auf keinen Fall durchstechen! Auf diese Weise entsteht das typische Muster. Den Teig noch mal zugedeckt 30 Minuten gehen lassen.

In der Zwischenzeit den Backofen auf 210 °C (Ober-/Unterhitze) vorheizen. Die Brote im heißen Ofen (unten) für 20–25 Minuten backen. Die fertig gebackenen Brote aus dem Ofen holen und auf einem Kuchengitter abkühlen lassen. Nach Belieben die Butter in einem Topf schmelzen lassen, Knoblauch schälen und dazu pressen. Die noch lauwarmen Brote mit der Knoblauchbutter einpinseln und zum Fondue servieren.

Brezel-Bites

ZUTATEN

» 1 Packung Laugen-
brezeln aus dem
Kühlregal (ca. 600g)

» 90g Natron
» ca. 3EL Kaffeesahne
(10% Fett)

» Samen und Kerne
nach Wahl (Mohn,
Sesam, Sonnenblu-
menkerne)
» grobes Meersalz

Die Brezeln aus der Verpackung holen, auf ein mit Backpapier belegtes Backblech legen und leicht antauen lassen. Dann mit einem Messer in gleich große Stücke schneiden. Den Backofen auf 180 °C (Ober-/Unterhitze) vorheizen und 2 Backbleche mit Backpapier auslegen.

1,5l Wasser in einem Topf erhitzen. Das Natron vorsichtig einrühren, da es zu starker Schaumbildung neigt. Die Teigstücke portionsweise für 15 Sekunden in das Bad legen, dabei wenden. Dann mit Abstand zueinander auf die Bleche verteilen. Mit Kaffeesahne bestreichen und mit Samen, Kernen und Salz bestreuen. Im heißen Ofen (Mitte) goldbraun backen. Auf einem Kuchengitter auskühlen lassen. Passt zum Bayrischen Fondue (siehe S. 26) oder Irischen Fondue (siehe S. 40).

Schneller Kürbiskernöl-Dip

ZUTATEN

» 200g Magerquark
(alternativ Topfen)
» 1EL Saure Sahne

» 6EL Kürbiskernöl
» ½TL Apfelessig
» Salz, Pfeffer

» 1EL geröstete Kürbis-
kerne (nach Belieben)

Alle Zutaten in einer Schüssel gründlich miteinander vermengen. Mit Salz und Pfeffer abschmecken. Der Dip passt zum Schnitzel-Party-Fondue (siehe S. 46).

Tipp

Übrig gebliebene Brezel-Bites ergeben im Ofen geröstet eine tolle Knabberei und ein leckeres Suppen-Topping.

Petersilien-Tabouleh

ZUTATEN

- » 2–3 große Bund glatte Petersilie (ca. 250g)
- » 1 kleines Bund Minze (ca. 25g)
- » 3 Stängel Koriander-grün (nach Belieben)
- » 40g Bulgur
- » 2 Frühlingszwiebeln

- » 1 Zehe Knoblauch
- » 2 Tomaten
- » 1 Granatapfel
- » 1 Bio-Zitrone
- » 4EL Zitronenöl (siehe S. 112, alternativ Olivenöl)

- » Salz, Pfeffer
- » 1EL Granatapfelsirup (Türkischer Super-markt, nach Belieben)
- » 2TL Sumach (Türki-scher Supermarkt, nach Belieben)

Kräuter waschen, trocken schütteln, Blättchen abzupfen und hacken. Bulgur nach Packungsanweisung zubereiten und auskühlen lassen. Zwiebeln waschen, Knoblauch schälen, beides hacken. Die Tomaten waschen und klein würfeln. Die Granatapfelkerne vorsichtig auslösen. Die Zitrone heiß abwaschen, Schale ab-reiben und Saft auspressen. Alle Zutaten in eine große Schüssel geben, gründlich miteinander vermengen und mit Salz, Pfeffer und nach Belieben Sirup und Sumach abschmecken. Die Schüssel ab-gedeckt 30 Minuten im Kühlschrank ziehen lassen und zum Servieren auf kleinere Schalen aufteilen.

Ayran

ZUTATEN

- » 700g Süzme (stich-fester, türkischer Joghurt, 10% Fett)
- » Salz
- » 1TL getrocknete Minze (nach Belieben)
- » Eiswürfel
- » Zitronenscheiben zum Garnieren

Den Joghurt mit 1 Prise Salz, 300ml eiskaltem Wasser und Minze in einem hohen Mixbehälter schaumig aufschlagen. Mit Eiswürfeln auf Gläser verteilen und mit Zitronenscheiben garniert genießen.

Tipp

Verfeinern Sie das Tabouleh doch mal mit fein gewürfelter Wassermelone, Erdbeeren oder Feta.

Steirischer Salat
MIT KÜRBISKERNÖL

ZUTATEN

- » 4 Salatherzen
  (z.B. Romanasalat
  oder gemischter Salat)
- » 150g Feldsalat
- » 1 Bund Radieschen
- » 1 kleine Zwiebel
  (nach Belieben)

- » 200 vorgekochte
  steirische Käferbohnen
  (Feuerbohnen, Dose
  oder selbst gekocht)

AUSSERDEM
- » 7EL steirisches
  Kürbiskernöl
- » 3EL milder Apfelessig
- » Salz
- » 1 Bund Schnittlauch
- » Kresse zum Bestreuen

Den Salat und die Radieschen gründlich waschen, den Salat trocken schütteln und klein zupfen, die Radieschen putzen und in Scheiben schneiden. Die Zwiebel schälen, halbieren und hauchdünn in Scheiben schneiden. Alles zusammen mit den Käferbohnen in eine große Schüssel geben.

Für das Dressing das Kürbiskernöl und den Apfelessig gut vermischen, salzen und unter den Salat rühren. Den Schnittlauch waschen, trocken schütteln und in Röllchen schneiden. Die Kresse waschen und trocken schütteln. Beides über den Salat streuen. Der Salat schmeckt besonders gut zum Schnitzel-Party-Fondue (siehe S. 46).

Tipp

Hochwertiges Kürbiskernöl und steirische Käferbohnen sind in größeren
Supermärkten und im Internet käuflich.
Geben Sie ruhig ein paar Euro mehr
für Ihr Öl aus. Es wird sich geschmack-
lich bezahlt machen, versprochen!

Papas arrugadas

ZUTATEN

» 800g kleine fest-
   kochende Kartoffeln

» 135g Meersalz

Die Kartoffeln gut waschen, in einen großen Topf geben und zur Hälfte mit Wasser bedecken. Das Salz hinzufügen und bei reduzierter Hitze 20–25 Minuten kochen lassen. Dann abgießen, dabei ein wenig Flüssigkeit im Topf lassen. Die Kartoffeln zurück in den Topf geben und zugedeckt bei niedriger Hitze vollständig austrocknen lassen, bis sich eine Salzkruste gebildet hat. Dabei den Topf gelegentlich rütteln. Die Papas arrugadas zusammen mit der Salsa verde (s. u.) als Beilage zum Tapas-Fondue (siehe S. 48) genießen.

Salsa verde

ZUTATEN

» 1 großer Bund glatte
   Petersilie

» 1 kleines Bund Minze

» 2 Zehen Knoblauch

» 2½EL Zitronensaft

» 3 Sardellenfilets
   (alternativ 1TL
   Sardellenpaste)

» 2EL Kapern

» Olivenöl

» Salz, Pfeffer

» 5EL Chiliflocken
   (nach Belieben)

Die Kräuter waschen, trocken schütteln, die Blättchen von den Stängeln zupfen und grob hacken. Knoblauch schälen und hacken. Alles mit Zitronensaft, Sardellen und Kapern grob pürieren, dabei ein wenig Öl unterrühren, bis eine pestoähnliche Konsistenz entstanden ist. Mit Salz, Pfeffer und Chili abschmecken und bis zur Verwendung abgedeckt im Kühlschrank lagern.

Tipp

Probieren Sie Ihre Salsa auch
mal mit anderen Kräutern wie
Basilikum und Dill!

Fruchtige Erdbeersalsa

ZUTATEN

- » 500g Erdbeeren
- » ½ Bund Radieschen
- » ½ Salatgurke
- » 1 kleine Chilischote (nach Belieben)
- » 1 kleine rote Zwiebel
- » 2EL Zitronenöl (siehe S. 112, alternativ Olivenöl)
- » 1EL Zitronensaft
- » Salz
- » schwarzer und roter Pfeffer
- » ca. 6 Minzeblättchen
- » Kresse zum Garnieren

Erdbeeren, Radieschen, Gurke und Chili waschen und klein würfeln. Zwiebel schälen und würfeln. Alles in eine Schüssel geben und miteinander verrühren. Öl und Zitronensaft über die Zutaten geben und die Salsa mit Salz und Pfeffer abschmecken. Minze und Kresse waschen, trocken schütteln. Minze hacken und unter die Salsa rühren. Mit Kresse garnieren. Die Salsa auf kleine Schalen aufteilen und als fruchtige Beilage reichen.

Zitronen-Aioli

ZUTATEN

- » 3 Zehen Knoblauch (alternativ 1TL Knoblauchgranulat)
- » 100ml Milch
- » 200ml Olivenöl
- » Salz, Pfeffer
- » einige Spritzer Zitronensaft

Den Knoblauch schälen und zusammen mit der Milch in einen Mixbehälter geben. Mit dem Pürierstab pürieren, dabei das Öl langsam in einem dünnen Strahl angießen, bis eine cremige Konsistenz entstanden ist. Die Aioli mit Salz, Pfeffer und Zitronensaft abschmecken. Bis zum Verzehr im Kühlschrank lagern.

Tipp

Die Salsa schmeckt besonders erfrischend zu Fondues mit Fleisch (siehe S. 58, Fondue Chinoise)

Waffel-

BITES

ZUTATEN

- » 150g Butter
- » 150ml Milch
- » 100g Feinkristall-zucker
- » 42g Hefe (1 Würfel)
- » 500g Mehl (Type 405)
- » Salz
- » 3 Eier (Größe M)
- » 1½EL Speisestärke
- » 50g Hagelzucker
- » Backtrennspray oder Öl zum Einfetten

Die Butter in einem Topf schmelzen. Milch und Zucker dazugeben, verrühren und vom Herd nehmen. Die Hefe im Milchgemisch auflösen und 15 Minuten ruhen lassen. Dann mit Mehl, 1 Prise Salz und Eiern zu einem glatten Teig verkneten. Zugedeckt an einem warmen Ort 1 Stunde gehen lassen.

Die Stärke unter den Teig kneten und diesen zu 38–40 gleich großen Kugeln formen. Hagelzucker mittig in die Kugeln drücken, diese zurecht formen und noch mal 30 Minuten zugedeckt gehen lassen.

Das Waffeleisen mit Backtrennspray einfetten. Mehrere Teigkugeln mit Abstand zueinander in das Waffeleisen legen und ca. 3 Minuten knusprig backen. Bis zur Weiterverwendung auf einem Kuchenrost abkühlen lassen.

Orangen-Senf-Sauce

ZUTATEN

» 1 Bio-Orange
» 2EL grober Senf
» 1TL englischer Senf
  (alternativ feiner Senf)

» 1½EL milder Blüten-
  honig
» 2EL milder Weiß-
  weinessig

» 150ml Orangenöl
  (alternativ Olivenöl)
» 2–3 Zweige Dill
» Salz, Pfeffer

Die Orange heiß abwaschen und die Hälfte der Schale abreiben. Die Orange auspressen und 8EL Saft abnehmen. Den Saft zusammen mit dem Abrieb und den restlichen Zutaten, bis auf Öl und Dill, in eine Schüssel geben und verrühren. Dann das Öl im dünnen Strahl dazugießen und so lange verrühren, bis eine homogene und sämige Sauce entstanden ist. Dill waschen, trocken schütteln, fein hacken und unterheben. Mit Salz und Pfeffer abschmecken.

Hot-Tangerine-Sauce

ZUTATEN

» 4 kleine Chilischoten
  (alternativ 1TL fertige
  Chilipaste)
» 150g Mandarinen
  (Dose)

» 250g Orangen-
  marmelade
» 2½EL Sesamöl

» 4EL helle Sojasauce
» ½TL milder Essig
» 3–4EL Limettensaft

Die Chilis waschen, halbieren, entkernen und fein hacken. Die Mandarinen abtropfen lassen. Zusammen mit den restlichen Zutaten in eine Schüssel geben und gründlich verrühren. Diese Sauce passt sehr gut zum Orientalischen Veggie-Fondue (siehe S. 54).

Tipp

Tauschen Sie die fruchtigen Zutaten auch mal gegen Kirschen oder Aprikosen aus. Auf diese Weise können Sie Ihre Gäste mit verschiedenen Geschmacksexplosionen überraschen.

Peanutbutter-Sauce

ZUTATEN

» 2EL Erdnussmus
» 5EL Sesamöl
» ½TL helle Sojasauce

» 1 Zehe Knoblauch
» ½ Frühlingszwiebel

Erdnussmus mit Sesamöl und Sojasauce in einer Schüssel verrühren. Den Knoblauch schälen, pressen und unterrühren. Die Frühlingszwiebel waschen, putzen und in Ringe schneiden. Die Sauce in eine tiefe Schale umfüllen und mit den Frühlingszwiebeln garnieren.

Blitz-Sojasauce

ZUTATEN

FÜR DIE MILDE SOJASAUCE
» 3EL Sojasauce
» 2EL Reisessig (Mirin)
» 1TL Limettensaft
» 3EL Sesamöl
» ½TL Knoblauch-
granulat

» 2TL Honig
» 2TL Sesam

FÜR DIE SCHARFE SAUCE
» 3EL Hoisin-Sauce
(Asienladen)
» 1½EL Sesamöl

» 1TL Knoblauch-
granulat
» 1TL gehacktes
Koriandergrün
» ½TL Chiliflocken
(nach Belieben)

Die jeweiligen Zutaten für die Saucen getrennt voneinander in Schüsseln geben und gründlich verrühren. Die Saucen schmecken besonders gut zum Shabu-Shabu-Fondue (siehe S. 68) und Tatarenhut-Fondue (siehe S. 70).

Sauce provençale

ZUTATEN

- » 1EL Kapern (Glas)
- » 1 Zehe Knoblauch
- » 5EL Mayonnaise
- » 60g Crème fraîche
- » 125g Joghurt

- » 1EL Öl
- » 1TL Sardellenfilets
- » ½TL frisch gehackter Rosmarin

- » 1TL gehackte Petersilie
- » einige Spritzer Zitronensaft
- » Salz, Pfeffer

Die Kapern in ein Sieb geben und fest ausdrücken. Den Knoblauch schälen und pressen. Alle Zutaten in eine Schüssel geben und gut verrühren. Mit wenig Salz und Pfeffer abschmecken.

Die Sauce provençale passt besonders gut zu Fondues mit Huhn (siehe S. 64, Rosé-Fondue) oder Fisch (siehe S. 56, Seafood-Fondue).

Zitronen-Wedges

ZUTATEN

- » 5 große mehlig kochende Kartoffeln
- » 1 große Bio-Zitrone
- » 60g Parmesan

- » 2EL frisch gehackter Oregano
- » 1EL gehackte Petersilie
- » 2 Lorbeerblätter

- » 4EL Zitronenöl (siehe S. 112)
- » Salz
- » Zitronenspalten zum Beträufeln

Den Backofen auf 200 °C (Umluft) vorheizen. Kartoffeln waschen, schälen und in Spalten schneiden. Zitrone heiß abwaschen, Schale abreiben und Saft auspressen. Parmesan reiben. Alle Zutaten in einer Schüssel verrühren und salzen.

Dann in eine große Backform legen, mit ofenfester Folie abdecken und ca. 30 Minuten im Ofen (Mitte) backen. Die Folie entfernen und die Kartoffeln weiter backen, bis sie leicht gebräunt sind. Mit Zitronenspalten zum Fondue reichen.

Scharfe Teufelssauce

ZUTATEN

- » 1 Schalotte
- » 2TL Chiliöl (alternativ Rapsöl)
- » 4cl Whiskey
- » 200g scharfer Ketchup
- » 2TL Sambal Oelek (nach Belieben auch mehr)

Die Schalotte schälen und in feine Würfel schneiden. Das Öl in einer Pfanne erhitzen und die Zwiebelwürfel darin glasig dünsten. Mit Whiskey ablöschen und für ca. 15 Minuten weiter schmoren lassen. Die geschmorten Schalotten in eine Schüssel umfüllen und abkühlen lassen. Den Ketchup mit dem Sambal Oelek verrühren und die abgekühlten Schalotten unterheben. Die Teufelssauce ist ideal für alle, die es gerne richtig scharf mögen, und passt hervorragend zum Shabu-Shabu-Fondue (siehe S. 68) oder traditionellem Schweizer Fondue Chinoise (siehe S. 58).

Bananen-Curry-Sauce

ZUTATEN

- » 1 Banane
- » 5EL Mayonnaise
- » 2EL Senf
- » 3EL griechischer Joghurt (10% Fett)
- » 2EL Saure Sahne
- » Salz, Pfeffer
- » 1EL mildes Currypulver
- » 1TL scharfes Currypulver

Die Banane mit einer Gabel möglichst fein zerdrücken und zusammen mit Mayo, Senf, Joghurt und Sahne in einer Schüssel gründlich vermengen. Je nach Geschmack mit Salz, Pfeffer, mildem und scharfem Currypulver abschmecken. Die Sauce schmeckt zum Schweizer Fondue Chinoise (siehe S. 58).

Register

A

Ananas
Pizza-Fondue mit würziger Tomatensauce 76
Tapas-Fondue mit fruchtigem Dip 48
Weißes Schoko-Fondue 100

Antipasti
Ruckzuck-Fondue mit Ofen-Feta 34

Äpfel
Beschwipste Früchte im Bierteig 102
Salted-Caramel-Fondue 98
Winzerfondue mit Schuss 42

Apfelsaft
Weißes Schoko-Fondue 100

Apfelschnaps
Frühlingshaftes Champagner-Fondue 30

Aprikosen
Beschwipste Früchte im Bierteig 102

Aprikosen, getrocknet
Good-Morning-Bliss-Balls 92

Artischocken
Ruckzuck-Fondue mit Ofen-Feta 34

Auberginen
Orientalisches Veggie-Fondue 54

Avocados
Gazpacho-Fondue für heiße Tage 84

B

Baguette
Feierabend-Fondue mit gerösteten Weintrauben 22
Seafood-Fondue 56

Bananen
Beschwipste Früchte im Bierteig 102
Scharfe Teufelssauce 134

Bier
Beschwipste Früchte im Bierteig 102
Cheeseburger-Fondue 18

Birnen
Winzerfondue mit Schuss 42

Brezeln
Brezel-Bites 116
Irisches Whiskey-Cheddar-Fondue 40

Brokkoli
Surf & Turf-Fondue mit grüner Butter 66
Zitronen-Butter-Fondue 78

Bulgur
Petersilien-Tabouleh 118

Buttermilch
Eisgekühlte Smoothie-Bowl 106
Gazpacho-Fondue für heiße Tage 84
Naan-Brot 110

C

Cashewkerne
Good-Morning-Bliss-Balls 92

Cashewmus
Veganes Fondue mit Cashew-„Käse" 24

Champagner
Frühlingshaftes Champagner-Fondue 30

Champignons
Schnitzel-Party-Fondue 46
Veggie-Fondue 60

Chilischoten
Fruchtige Erdbeersalsa 124
Hot-Tangerine-Sauce 128
Tatarenhut für Raclette-Fans 70
Vietnamesisches Pho-Bo-Fondue 62

Chinakohl
Tatarenhut für Raclette-Fans 70

Couscous
1001-Nacht-Fondue 52
Orientalisches Veggie-Fondue 54
Rote-Bete-Couscous 112

Crème fraîche
Caprese-Fondue 20
Ei-freie Trüffel-Mayo 58
Joghurt-Sumach-Dip 52
Sauce provençale 132

D

Datteln
Ziegenkäse-Fondue 36

Dörrobst
Winzerfondue mit Schuss 42

E

Eier
Beschwipste Früchte im Bierteig 102
Fluffiger Kaiserschmarrn 94
Monkey-Bread-Brie-Fondue 38
Schnitzel-Party-Fondue 46
Süßes Hüttengaudi-Fondue 94

Tapas-Fondue mit
fruchtigem Dip 48

Waffel-Bites 126

Erdbeeren
Eisgekühlte Smoothie-Bowl 106

Fruchtige Erdbeersalsa 124

Zartbitter-Schokoladen-
Fondue 88

Erdnusskerne
Salted-Caramel-Fondue 98

Erdnussmus
Peanutbutter-Sauce 130

F

Fenchel
Rosé-Fondue 64

Seafood-Fondue 56

Feuerbohnen
Steirischer Salat mit
Kürbiskernöl 120

Fisch
Seafood-Fondue 56

Shabu Shabu 68

Tatarenhut für Raclette-Fans 70

Fischfond
Seafood-Fondue 56

Fischsauce
Vietnamesisches Pho-Bo-
Fondue 62

Fleisch
Bratwürste
Tapas-Fondue mit
fruchtigem Dip 48

Chorizo-Würste
Tapas-Fondue mit
fruchtigem Dip 48

Gemischtes Fleisch
Schweizer Fondue Chinoise 58

Shabu Shabu 68

Hackfleisch
Cheeseburger-Fondue 18

Huhn
Indisches Curry-Fondue 82

Kalb
Schnitzel-Party-Fondue 46

Zitronen-Butter-Fondue 78

Lamm
1001-Nacht-Fondue 52

Pute
Rosé-Fondue 64

Schnitzel-Party-Fondue 46

Tatarenhut für Raclette-Fans 70

Rind
1001-Nacht-Fondue 52

Beef-Fondue mit Gremolata 50

Irisches Whiskey-Cheddar-
Fondue 40

Surf & Turf-Fondue mit
grüner Butter 66

Tapas-Fondue mit
fruchtigem Dip 48

Tatarenhut für Raclette-Fans 70

Vietnamesisches Pho-Bo-
Fondue 62

Focaccia
Caprese-Fondue 20

Fonduebrot
Beef-Fondue mit Gremolata 50

Flammkuchen-Fondue
im Brot 28

Irisches Whiskey-Cheddar-
Fondue 40

Pizza-Fondue mit würziger
Tomatensauce 76

Ruckzuck-Fondue mit
Ofen-Feta 34

Schweizer Fondue Chinoise 58

Winzerfondue mit Schuss 42

Frischkäse
Cake-Pop-Fondue 96

Frühlingszwiebeln
Flammkuchen-Fondue
im Brot 28

Peanutbutter-Sauce 130

Petersilien-Tabouleh 118

Tatarenhut für Raclette-Fans 70

Vietnamesisches Pho-Bo-
Fondue 62

G

Garnelen
Frühlingshaftes Champagner-
Fondue 30

Surf & Turf-Fondue mit
Grüner Butter 66

Tapas-Fondue mit
fruchtigem Dip 48

Tatarenhut für Raclette-Fans 70

Zitronen-Butter-Fondue 78

Gemüsebrühe
Rote-Bete-Couscous 112

Seafood-Fondue 56

Veganes Fondue mit
Cashew-„Käse" 24

Veggie-Fondue 60

Gemüse, gemischt
Antipasti-Fondue mit
Bellini 80

Rosé-Fondue 64

Schweizer Fondue Chinoise 58

Shabu Shabu 68

Veggie-Fondue 60

Gewürzgurken
Bayrisches Fondue 26

Cheeseburger-Fondue 18

Glühwein
Weihnachtliches
Naschkatzen-Fondue 104

Gnocchi
4-Käse-Fondue 32

Grappa
4-Käse-Fondue 32

Gurken
Fruchtige Erdbeersalsa 124

Gazpacho-Fondue für
heiße Tage 84

H

Hefe
Fonduebrot 114
Monkey-Bread-Brie-Fondue 38
Waffel-Bites 126

Hefeflocken
Veganes Fondue mit
Cashew-„Käse" 24

Hoisin-Sauce
Blitz-Sojasauce 130

Hühnerbrühe
Indisches Curry-Fondue 82
Rosé-Fondue 64
Tatarenhut für Raclette-Fans 70

I

Ingwer
Indisches Curry-Fondue 82
Tatarenhut für Raclette-Fans 70
Vietnamesisches Pho-Bo-
Fondue 62

J

Jakobsmuscheln
Rosé-Fondue 64

Joghurt
Antipasti-Fondue mit Bellini 80
Ayran 118
Ei-freie Trüffel-Mayo 58
Joghurt-Sumach-Dip 52
Mango-Lassi 110
Naan-Brot 110
Orientalisches Veggie-
Fondue 54
Sauce provençale 132
Scharfe Teufelssauce 134
Tapas-Fondue mit
fruchtigem Dip 48

K

Käferbohnen
Steirischer Salat mit
Kürbiskernöl 120

Kartoffeln
Frühlingshaftes Champagner-
Fondue 30
Papas arrugadas 122
Tapas-Fondue mit
fruchtigem Dip 48
Trüffel-Fondue mit
Ofenkartoffeln 16
Zitronen-Wedges 132

Käse

Appenzeller
Flammkuchen-Fondue
im Brot 28
Trüffel-Fondue mit
Ofenkartoffeln 16

Asiago
4-Käse-Fondue 32

Bergbauernkäse
Winzerfondue mit Schuss 42

Brie de Meaux
Monkey-Bread-Brie-Fondue 38

Butterkäse
Frühlingshaftes Champagner-
Fondue 30
Winzerfondue mit Schuss 42

Camembert
Feierabend-Fondue mit
gerösteten Weintrauben 22

Cheddar
Cheeseburger-Fondue 18
Irisches Whiskey-Cheddar-
Fondue 40
Sweet-Tooth-Breakfast 92

Emmentaler
Schnitzel-Party-Fondue 46
Trüffel-Fondue mit
Ofenkartoffeln 16

Feta
Ruckzuck-Fondue mit
Ofen-Feta 34

Fontina
Caprese-Fondue 20

Freiburger Vacherin
Flammkuchen-Fondue
im Brot 28

Schweizer Käsefondue 14

Gorgonzola
4-Käse-Fondue 32

Gouda
Frühlingshaftes Champagner-
Fondue 30

Graukäse
Winzerfondue mit Schuss 42

Gruyère
Schweizer Käsefondue 14
Trüffel-Fondue mit
Ofenkartoffeln 16

Halloumi
1001-Nacht-Fondue 52
Orientalisches Veggie-
Fondue 54

Mozzarella
Caprese-Fondue 20
Pizza-Fondue mit würziger
Tomatensauce 76

Parmesan
4-Käse-Fondue 32
Caprese-Fondue 20
Monkey-Bread-Brie-Fondue 38
Spaghetti-Fondue 74
Zitronen-Wedges 132

Raclettekäse
Bayrisches Fondue 26

Scarmorza
Caprese-Fondue 20

Taleggio
4-Käse-Fondue 32
Caprese-Fondue 20

Tilsiter
Bayrisches Fondue 26
Frühlingshaftes Champagner-
Fondue 30
Winzerfondue mit Schuss 42

Kirschen
Zartbitter-Schokoladen-
Fondue 88

Kirsch-Schnaps
Winzerfondue mit Schuss 42

Kirschwasser
Flammkuchen-Fondue
im Brot 28
Schweizer Käsefondue 14
Trüffel-Fondue mit
Ofenkartoffeln 16

Kokoslikör
Weißes Schoko-Fondue 100

Kokosmilch
Indisches Curry-Fondue 82
Weißes Schoko-Fondue 100

Kokosraspel
Good-Morning-Bliss-Balls 92
Weißes Schoko-Fondue 100

Kondensmilch, gesüßt
Salted-Caramel-Fondue 98
Sweet-Tooth-Breakfast 92

Kürbiskernöl
Schneller Kürbiskernöl-
Dip 116
Steirischer Salat mit
Kürbiskernöl 120

L

Löffelbiskuits
Schoko-Tiramisu-Fondue 90

M

Mais
Tatarenhut für Raclette-Fans 70

Mandarinen
Hot-Tangerine-Sauce 128

Mango
Mango-Lassi 110

Mango, getrocknet
Good-Morning-Bliss-Balls 92

Marsala
Caprese-Fondue 20
Schoko-Tiramisu-Fondue 90

Marshmallows
Weihnachtliches
Naschkatzen-Fondue 104

Mascarpone
Schoko-Tiramisu-Fondue 90

Mayonnaise
Sauce provençale 132
Scharfe Teufelssauce 134

Meeresfrüchte
Seafood-Fondue 56

Melonen
Eisgekühlte Smoothie-Bowl 106
Weißes Schoko-Fondue 100

Milch (Kuh)
Beschwipste Früchte im Bier-
teig 102
Fluffiger Kaiserschmarrn 94
Fonduebrot 114
Süßes Hüttengaudi-
Fondue 94
Waffel-Bites 126
Zitronen-Aioli 124

Milch (Ziege oder Schaf)
Ziegenkäse-Fondue 36

Möhren
Seafood-Fondue 56
Tatarenhut für Raclette-
Fans 70

Most
Winzerfondue mit Schuss 42

Mungbohnensprossen
Vietnamesisches Pho-Bo-
Fondue 62

N

Naan-Brot
1001-Nacht-Fondue 52
Indisches Curry-Fondue 82
Orientalisches Veggie-
Fondue 54

O

Oliven
Pizza-Fondue mit würziger
Tomatensauce 76
Provenzalische Tapenade 64
Ruckzuck-Fondue mit
Ofen-Feta 34
Tapas-Fondue mit
fruchtigem Dip 48

Orangen
Orangen-Senf-Sauce 128
Weihnachtliches
Naschkatzen-Fondue 104

Orangenmarmelade
Hot-Tangerine-Sauce 128

Orangenöl
Orangen-Senf-Sauce 128

P

Pak Choi
Tatarenhut für Raclette-
Fans 70

Papaya
Weißes Schoko-Fondue 100

Paprika
Orientalisches Veggie-
Fondue 54
Rosé-Fondue 64
Tapas-Fondue mit
fruchtigem Dip 48

Parmaschinken
Antipasti-Fondue mit Bellini 80

Passionsfrüchte
Weißes Schoko-Fondue 100

Pasta
4-Käse-Fondue 32

Pinienkerne
Spaghetti-Fondue 74

Pizzabrot
Pizza-Fondue mit würziger Tomatensauce 76

Preiselbeeren
Schnitzel-Party-Fondue 46

Q

Quark
Kräuterquark 60
Schneller Kürbiskernöl-Dip 116

R

Radieschen
Bayrisches Fondue 26
Fruchtige Erdbeersalsa 124
Frühlingshaftes Champagner-Fondue 30
Steirischer Salat mit Kürbiskernöl 120
Zitronen-Butter-Fondue 78

Reis
Indisches Curry-Fondue 82

Reisnudeln
Shabu Shabu 68
Tatarenhut für Raclette-Fans 70
Vietnamesisches Pho-Bo-Fondue 62

Rinderbrühe
Schweizer Fondue Chinoise 58
Shabu Shabu 68
Vietnamesisches Pho-Bo-Fondue 62

Rinderfond
Zitronen-Butter-Fondue 78

Roséwein
Rosé-Fondue 64
Winzerfondue mit Schuss 42

Rosinen
Fluffiger Kaiserschmarrn 94

Rote Bete
1001-Nacht-Fondue 52
Rote-Bete-Couscous 112

Ruchmehl
Fonduebrot 114

Rucola
Spaghetti-Fondue 74

Rum
Fluffiger Kaiserschmarrn 94

S

Sahne
Salted-Caramel-Fondue 98
Schoko-Tiramisu-Fondue 90

Salami
Pizza-Fondue mit würziger Tomatensauce 76

Salat
Cheeseburger-Fondue 18
Orientalisches Veggie-Fondue 54
Steirischer Salat mit Kürbiskernöl 120

Sardellenfilets
Salsa verde 122
Sauce provençale 132

Sardellenpaste
Antipasti-Fondue mit Bellini 80
Beef-Fondue mit Gremolata 50
Ei-freie Trüffel-Mayo 58
Pizza-Fondue mit würziger Tomatensauce 76

Sauerkirschen
Weihnachtliches Naschkatzen-Fondue 104

Saure Sahne
Antipasti-Fondue mit Bellini 80
Kräuterquark 60
Scharfe Teufelssauce 134

Schneller Kürbiskernöl-Dip 116
Tapas-Fondue mit fruchtigem Dip 48

Schalotten
Rosé-Fondue 64
Scharfe Teufelssauce 134
Seafood-Fondue 56

Schaumwein
Winzerfondue mit Schuss 42

Schinken
Pizza-Fondue mit würziger Tomatensauce 76

Schokolade, weiß
Schoko-Tiramisu-Fondue 90
Weißes Schoko-Fondue 100

Schokolade, Zartbitter-
Cake-Pop-Fondue 96
Zartbitter-Schokoladen-Fondue 88

Sellerie
Seafood-Fondue 56

Senf
Bayrisches Fondue 26
Cheeseburger-Fondue 18
Ei-freie Trüffel-Mayo 58
Orangen-Senf-Sauce 128
Scharfe Teufelssauce 134
Veganes Fondue mit Cashew-„Käse" 24

Sesamöl
Blitz-Sojasauce 130
Hot-Tangerine-Sauce 128
Peanutbutter-Sauce 130

Shiitake
Shabu Shabu 68
Tatarenhut für Raclette-Fans 70
Vietnamesisches Pho-Bo-Fondue 62

Sojasauce
Blitz-Sojasauce 130
Hot-Tangerine-Sauce 128
Peanutbutter-Sauce 130
Tatarenhut für Raclette-
Fans 70
Vietnamesisches Pho-Bo-
Fondue 62

Spaghetti
Spaghetti-Fondue 74

Spargel
Frühlingshaftes
Champagner-Fondue 30
Zitronen-Butter-Fondue 78

Speck
Bayrisches Fondue 26
Flammkuchen-Fondue
im Brot 28
Sweet-Tooth-Breakfast 92
Tatarenhut für Raclette-
Fans 70
Ziegenkäse-Fondue 36

Spinat
Gazpacho-Fondue
für heiße Tage 84

Steinpilze
Flammkuchen-Fondue
im Brot 28

T

Toastbrot
Gazpacho-Fondue für heiße
Tage 84

Tofu
Shabu Shabu 68
Vietnamesisches Pho-Bo-
Fondue 62

Tomaten
Caprese-Fondue 20
Cheeseburger-Fondue 18
Petersilien-Tabouleh 118
Ruckzuck-Fondue mit Ofen-
Feta 34
Spaghetti-Fondue 74

Tomaten, Dose
Pizza-Fondue mit würziger
Tomatensauce 76

Tomaten, getrocknet
Beef-Fondue mit
Gremolata 50
Provenzalische Tapenade 64
Spaghetti-Fondue 74

Tortellini
4-Käse-Fondue 32

Trüffel
Trüffel-Fondue mit Ofen-
kartoffeln 16

Trüffelöl
Ei-freie Trüffel-Mayo 58

V

Vanille
Cake-Pop-Fondue 96
Fluffiger Kaiserschmarrn 94
Schoko-Tiramisu-
Fondue 90
Süßes Hüttengaudi-
Fondue 94
Sweet-Tooth-Breakfast 92

W

Walnusskerne
Beef-Fondue mit
Gremolata 50

Wassermelonen
Eisgekühlte Smoothie-
Bowl 106

Weintrauben
Beschwipste Früchte im
Bierteig 102
Feierabend-Fondue mit ge-
rösteten Weintrauben 22
Winzerfondue mit Schuss 42

Weißbier
Bayrisches Fondue 26

Weißwein
Flammkuchen-Fondue im
Brot 28
Schweizer Käsefondue 14

**Irisches Whiskey-Cheddar-
Fondue** 40
4-Käse-Fondue 32
Seafood-Fondue 56
Trüffel-Fondue mit Ofen-
kartoffeln 16
Veganes Fondue mit
Cashew-„Käse" 24

Weißwürste
Bayrisches Fondue 26

Whiskey
Irisches Whiskey-Cheddar-
Fondue 40
Scharfe Teufelssauce 134

Wienerwürstchen
Schnitzel-Party-Fondue 46

Z

Ziegenfrischkäse
Ziegenkäse-Fondue 36

Zitronengras
Tatarenhut für Raclette-
Fans 70

Zucchini
Gazpacho-Fondue für heiße
Tage 84
Orientalisches Veggie-
Fondue 54
Rosé-Fondue 64

Zwiebeln
1001-Nacht-Fondue 52
Flammkuchen-Fondue im
Brot 28
Fruchtige Erdbeersalsa 124
Orientalisches Veggie-
Fondue 54
Pizza-Fondue mit würziger
Tomatensauce 76
Steirischer Salat mit Kürbis-
kernöl 120
Veganes Fondue
mit Cashew-„Käse" 24

AUTORIN

Sarah Thor lebt mit ihrem Mann und ihren Fellnasen in der Schweiz. Sie verbringt ihre Zeit am liebsten damit, Gerichte zu entwickeln und sie ins rechte Licht zu rücken. Ist sie mal nicht hinter der Kamera oder in der Küche zu finden, beschäftigt sie sich damit, mit Hündin Rosa seltene Zitronensorten und die Food-Märkte dieser Welt zu entdecken. Die gebürtige Steirerin mit süditalienischen Wurzeln arbeitet mittlerweile erfolgreich als Food-Fotografin, Rezeptentwicklerin und Food-Stylistin für Verlage, Zeitschriften und Unternehmen. Ihre detailverliebte Leidenschaft für Food-Fotografie und gutes Essen lebt sie seit 2015 auf ihrem Foodblog www.gaumenpoesie.com aus.

...NOCH MEHR TOLLE BÜCHER!

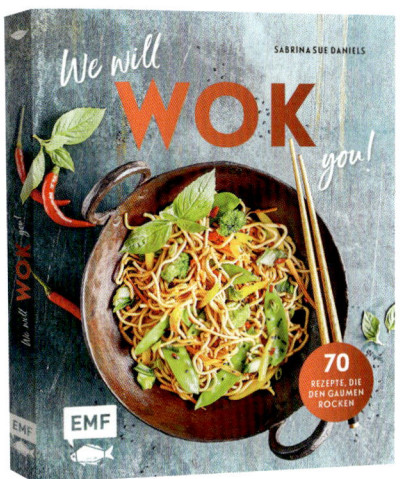

We will WOK you! 70 asiatische
Rezepte, die den Gaumen rocken
ISBN 978-3-96093-682-4
€ 15,00 (D) / € 15,50 (A)

Über 70 Saucen: Für Fisch, Fleisch,
Gemüse, Nudeln, Salat, Dessert und mehr
ISBN 978-3-96093-133-1
€ 15,00 (D) / € 15,50 (A)

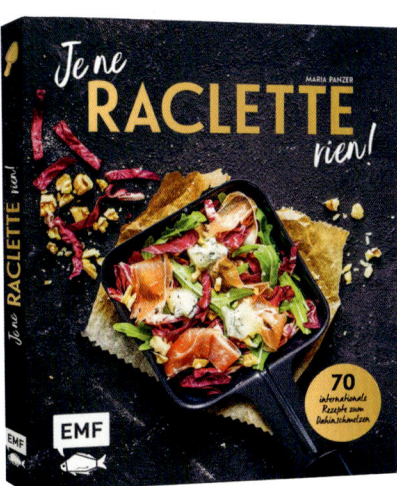

Je ne RACLETTE rien! 70 internationale
Rezepte zum Dahinschmelzen
ISBN 978-3-96093-422-6
€ 15,00 (D) / € 15,50 (A)

Blätterteig – I like! 70 geniale Rezepte
mit Fertig-Blätterteig – süß und herzhaft
ISBN 978-3-96093-845-3
€ 15,00 (D) / € 15,50 (A)

IMPRESSUM

Bibliografische Information der Deutschen Bibliothek.

Die Deutsche Bibliothek verzeichnet diese Publikation in der Deutschen Nationalbibliografie.

Detaillierte bibliografische Daten sind im Internet über http://www.dnb.de/ abrufbar.

EIN BUCH DER EDITION MICHAEL FISCHER

2. Auflage 2020

© 2020 Edition Michael Fischer GmbH, Donnersbergstr. 7, 86859 Igling

Reihengestaltung: Silvia Keller

Covergestaltung und Satz: Sonja Bauernfeind

Projektmanagement und Lektorat: Marline Enzer, Lena Buch

Fotos: ©Sarah Thor; außer: S. 12, 29, 39, 41, 57, 67, 91, 93, 95, 101, 103, 105, 107, 108, 127, 133 ©Lena Pfetzer

Illustrationen: S. 7-9 ©Qualit Design; ab S. 14 ©Marnikus; ab S. 46 ©RedKoala; ab S. 74 ©supanut piyakanont; ab S. 88 ©Abdallavector; ab S. 110 ©iadams

ISBN 978-3-96093-869-9

Gedruckt bei Polygraf Print, Čapajevova 44, 08001 Prešov, Slowakei

www.emf-verlag.de